de Gruyter Studienbuch

Rudi Keller / Ilja Kirschbaum
Bedeutungswandel

Vorwort

Dieses Buch handelt vom Bedeutungswandel bei Adjektiven. Weshalb bei Adjektiven und nicht etwa bei Substantiven oder Verben? Das hat zwei Gründe: Zum einen ist die Klasse der Adjektive zwar groß genug um allgemein interessante Einblicke in die Pfade des Bedeutungswandels zu erhalten, aber begrenzt genug, um noch einigermaßen überschaubar zu sein; zum anderen konnten wir im Rahmen einer Pilotuntersuchung feststellen, dass sich Adjektive, was ihren Bedeutungswandel betrifft, besonders lebhaft verhalten. Dies hängt natürlich mit der allgemeinen Funktion zusammen, die Adjektive in einer Sprache innehaben: Sie dienen in ihrer überwiegenden Anzahl dazu, Gegenständen (im weitesten Sinne) Eigenschaften zuzuschreiben oder Gegenständen gegenüber Haltungen anhand von Eigenschaften zum Ausdruck zu bringen. Letzteres nennt man „bewerten".[1] Es liegt in der Logik des Bewertens, dass hierbei Höflichkeit, Rücksichtnahme, die Möglichkeit von Missinterpretationen eine besonders große Rolle spielen, und das macht Adjektive zu besonders dankbaren Untersuchungsobjekten, wenn man sich dafür interessiert, welche Muster semantischen Wandels es gibt und welche vorherrschen. Pfade des Bedeutungswandels sind natürlich Trampelpfade. Sie aufzuspüren und die Prozesse ihrer Genese nachzuzeichnen, war unser Ziel – mit welchem Erfolg, das mögen die Leser von Fall zu Fall entscheiden. Wir haben uns bemüht, das untersuchte Material – es handelt sich dabei um Textpassagen aus dem *Simplicissimus* von Grimmelshausen und vor allem aus Goethes *Dichtung und Wahrheit* – so weit auszubreiten, dass der Leser selbst die Plausibilität unserer Erklärungsansätze überprüfen und gegebenenfalls eigene und bessere Hypothesen entwerfen kann.

---

1 Siehe dazu Keller 2002.

Die Kunst, zu plausiblen Erklärungsansätzen eines Bedeutungswandels zu gelangen, besteht grob gesprochen aus zwei
Teilkünsten: Man muss erstens die Bedeutung, das heißt die
Gebrauchsregel, der das betreffende Wort zu einer bestimmten
Zeit – beispielsweise zur Goethezeit – folgte, eruieren. Wörter-
bücher sind dabei nur teilweise verlässlich, denn sie unterscheiden nicht immer systematisch zwischen dem kontextspezifischen Sinn eines Wortes in einem bestimmten Vorkommen und
der Bedeutung dieses Wortes auf der Ebene der Sprache, verstanden als langue. Aber sie sind eine wichtige Hilfe, um die eigene Hypothese abzusichern; oder um die Gefahr zu verrin-
gern, beispielsweise eine idiosynkratische Verwendung Goethes irrtümlicherweise für die Gebrauchsregel der damaligen
Zeit zu halten. Aus einem einzigen Beleg kann man keine zuver-
lässige Hypothese über die generelle Gebrauchsregel ableiten;
aus diesem Grunde haben wir ausschließlich solche Adjektive
berücksichtigt, von denen wir mindestens drei Belege in Goethes *Dichtung und Wahrheit* gefunden haben. Zweitens muss
man, nachdem man die Bedeutung des Wortes aus den vorlie-
genden Verwendungen rekonstruiert hat, eine plausible Hypothese entwerfen, welche Motive die Sprecher veranlasst haben
könnten, in ihrer Mehrheit eine bestimmte Verwendungsweise
dieses Wortes zu pflegen, eine Verwendungsweise, die dann auf
lange Sicht den Bedeutungswandel hervorbrachte. Um es gleich
zu gestehen: In sehr vielen Fällen gelingt dies nicht oder nur
ansatzweise. Warum beispielsweise haben unsere Vorfahren im
19. Jahrhundert damit begonnen, das Adjektiv *rüstig* vornehmlich auf ältere Menschen zu beziehen, um von ihnen zu sagen,
dass sie *noch* kräftig sind *für ihr Alter?* Hätten sie es vornehmlich auf Kinder bezogen, hätte sich vermutlich die Bedeutung
‚*schon* kräftig *für ihr Alter*‘ herausgebildet. Die Antwort wissen
wir nicht. Zu Zeiten Goethes bedeutete *rüstig* einfach ‚kräftig‘
und konnte von Greisen, Jünglingen oder Mädchen gleicher-
maßen ausgesagt werden. Das Beispiel macht deutlich, dass unsere Ergebnisse keine Endergebnisse sind, sondern allenfalls
Zwischenergebnisse. Die Karte, auf der die Pfade des Bedeu-

tungswandels eingetragen sind, ist noch zu verfeinern und zu
vervollständigen. In diesem Zusammenhang wäre es lohnend, eine ähnliche Untersuchung für die Klasse der Verben durchzu-
führen. Die vorliegende Arbeit stellt die kondensierte Fassung der
Ergebnisse eines Projektes dar, das von der DFG gefördert wurde. Der DFG und ihren Gutachtern, die das Projekt für förde-
rungswürdig befunden haben, sei an dieser Stelle sehr herzlich
gedankt. Danken wollen wir auch den Mitarbeiterinnen und
Mitarbeitern, die die oft langwierige empirische Arbeit geleistet
haben, die diesem Buch zugrunde liegen. Petra Radtke verdient
ganz besonderen Dank, denn sie hat über Jahre hinweg die Projektarbeit mit großem Engagement betreut und gesteuert, und
sie war auch entscheidend an der Konzeption des Projektes beteiligt. Schließlich sei erwähnt, dass wir auch Heinrich van de
Sandt viel zu verdanken haben: Dank der Zuwendungen der
Heinrich van de Sandt Stiftung konnten wir eine Reihe Wörter-
bücher eigens für die Projektarbeit anschaffen.

Inhaltsverzeichnis

1. Bedeutung und Wandel

1.1 Vorbemerkung

Können Sie sich vorstellen, dass das Wort *fair* in hundert Jahren ‚minderwertig' bedeutet, so dass man beispielsweise von einem schlechten Wein sagen kann *Das ist ein ziemlich faires Gesöff?* Oder können Sie sich vorstellen, dass man in ein paar hundert Jahren das Wort *fröhlich* nicht mehr in der Öffentlichkeit verwenden kann, weil es zu einem Tabuwort mit sexueller Bedeutung geworden ist, so dass die Mutter rot wird, wenn die Tochter sagt *Mein Freund ist ein unheimlich fröhlicher Typ?* Sollten Sie diese Entwicklung für völlig ausgeschlossen halten, so bedenken Sie, dass *billig* noch zu Goethes Zeiten ausschließlich in der Bedeutung von ‚fair' und ‚angemessen' verwendet wurde; ein billiges Argument war ein angemessenes, kein schlechtes. Und bedenken Sie, dass im hohen Mittelalter, also etwa im 12. Jahrhundert, das Wort *geil* die Bedeutung ‚fröhlich' und ‚lustig' hatte und oft in der Zwillingsformel *geil unde frô* verwendet wurde; geile Recken waren nicht wild hinter Frauen her, sondern einfach gut drauf.

Die Bedeutung dieses Adjektivs hat in den letzten 800 Jahren recht turbulente Zeiten durchgemacht:[1] Im Mittelhochdeutschen hatte es, wie bereits angedeutet, noch die unschuldige Bedeutung ‚fröhlich, übermütig, ausgelassen', konnte allerdings bereits damals – gleichsam augenzwinkernd – in sexuellem Sinne verwendet werden. Wenn Alexander von Humboldt die Geilheit des kubanischen Urwaldes bewunderte, so bezog er sich damit auf dessen üppiges Wachstum. Eine solche botanische, gleichsam fachsprachliche Sonderbedeutung hatte dieses Wort schon immer und es hat sie auch heute noch. Mit der Zeit wur-

---

1 Zur Bedeutungsgeschichte von *geil* siehe Brandt 1989: 115-148.

de die Bedeutung von *geil* dann offenbar eingeschränkt auf den sexuellen Bereich – ein Schicksal, das übrigens auch *Wollust* ereilte. *Wollust* bedeutete früher nichts anderes als ,Vergnügen', und zwar im ganz allgemeinen Sinne. Schließlich wurde *geil* gar zum Tabuwort. Tabuwörter sind Wörter, die man zwar kennen sollte, aber nicht ohne weiteres verwenden darf. Diese Eigenschaft war es schließlich, die das Wort *geil* sodann dazu prädestinierte, Jugendlichen als ein besonders expressiver Ausdruck der Begeisterung und Wertschätzung zu dienen. Denn besondere Expressivität lässt sich hervorragend durch Tabubruch zum Ausdruck bringen. Man erinnere sich beispielsweise daran, dass die meisten Wörter, die wir zum Fluchen verwenden, aus Bereichen stammen, die mit Tabus belegt sind oder zumindest waren: aus dem religiösen, sexuellen oder fäkalen Bereich. Wenn ein Tabuwort häufig verwendet wird, verliert es jedoch notwendigerweise seinen Tabugehalt. Es könnte so weit kommen, dass wir beim Verwenden des Wortes *geil* so wenig an seinen ehemals sexuellen Sinn denken, wie wir beispielsweise bei dem Adjektiv *toll* daran denken, dass man damit früher den Zustand der Geisteskrankheit meinte. (Wir werden auf dieses Wort noch einmal zurückkommen.) Wenn *geil* seinen Tabuwert verloren hat, so ist zu vermuten, dass früher oder später wieder ein neues Tabuwort mit der ehemaligen sexuellen Bedeutung von *geil* entstehen wird. Das Schicksal des Wortes *geil* könnte sich aber möglicherweise auch wieder wenden: Mit zunehmendem Verlust des Tabugehalts verschwindet nämlich auch die ursprüngliche Motivation, dieses Wort zum Ausdruck emphatischer Begeisterung zu verwenden. Denn der Reiz, das Wort *geil* zu verwenden, bestand ja unter anderem gerade darin, einen Tabubruch zu begehen und dadurch aufzufallen. Frequenz ist der natürliche Feind von Expressivität.[2] Besonders ausdrucksstark ist ein Wort nur dann, wenn seine Verwendung einen gewissen Überraschungseffekt trägt. Dazu aber muss es

---

2   Zum Verhältnis von Frequenz und Expressivität siehe Nerlich/Clark 1988.

neu sein oder selten. Es ist gerade die Attraktivität expressiver
Ausdrücke, die dafür sorgt, dass sie mit der Zeit ihre Expressivität verlieren: Wer in bestimmten Gruppen besonders expressive Ausdrücke verwendet, „kommt gut an"; weil jeder gerne
imponieren möchte, werden solche Ausdrücke häufig verwendet; und wenn sie häufig verwendet werden, verlieren sie ihren
expressiven „Pfiff". Imponieren ist ein Spiel, in dem Ausgefal-
lenheit Trumpf ist. Beginnen wir nun, nach dieser eher anek-
dotischen Einleitung mit dem systematischen Teil. Wenn wir
verstehen wollen, was Bedeutungswandel ist und wie er zustande kommt, müssen wir uns Klarheit darüber verschaffen, was
man unter *Bedeutung* verstehen will und was unter *Wandel*. Beginnen wir mit einer kurzen Diskussion des Bedeutungs-
begriffs.

1.2 Zur Bedeutung von Bedeutung

Linguisten und Sprachphilosophen haben sich in den letzten
zweieinhalbtausend Jahren Gedanken darüber gemacht, was
man unter Bedeutung verstehen könnte oder sollte. Wir wollen
hier nicht die gesamte Diskussion nachzeichnen, sondern uns
kurz fassen. Fest steht: Die Frage *Was ist die Bedeutung eines
Wortes?* kann man ohne eine vorherige begriffliche Klärung
nicht beantworten. Das liegt vor allem an der Vagheit des Wortes *Bedeutung*. Die Bedeutung des deutschen Wortes *Bedeutung*
ist nicht so präzise festgelegt, dass es möglich wäre, diese Frage
ohne vorherige Präzisierung zu beantworten. (Das gilt übrigens
in noch stärkerem Maße für die Bedeutung des englischen
Wortes *meaning*.) Es ist nicht ungewöhnlich, dass eine Frage,
die im Alltagssprachgebrauch durchaus vernünftig sein kann,
für den wissenschaftlichen Diskurs zu unpräzise ist. Man denke
etwa an die Frage *Wo liegt Norden?* Die Antwort auf diese Frage hängt, wie jeder weiß, im Grunde genommen davon ab, für
welches Nord man sich entscheidet: für geographisch Nord,
magnetisch Nord oder für eines der zahlreichen Gitternord. Im

Alltag muss uns das nicht kümmern. Wer nach Karte und Kompass wandert, den schert es nicht, dass seine Nadel genau genommen nicht dahin zeigt, wo auf seiner Karte Norden ist. Wenn mich jemand fragen würde *Was bedeutet denn „adiós"?*, so würde ich ihm antworten *„Adiós" bedeutet ‚*auf Wiedersehen', und er wäre damit ausreichend bedient, obgleich diese Antwort genau genommen nicht stimmt. Denn im Spanischen kann man *adiós* als Gruß im Vorübergehen verwenden – in einer Situation also, in der man im Deutschen nicht *auf Wiedersehen* verwenden kann, sondern beispielsweise *guten Tag* oder *hallo* sagt. Es gibt im Deutschen kein Wort, das die gleiche Bedeutung, d. h. genau dieselben Verwendungsmöglichkeiten besitzt wie *adiós*.

Im Prinzip gibt es zwei Optionen, die Frage, was Bedeutung sei, zu beantworten. Wir wollen sie die repräsentationistische und die instrumentalistische Option nennen. Man kann als Bedeutung eines Ausdrucks das ansehen, wofür der Ausdruck steht; technisch gesprochen: was er repräsentiert. Dies ist die repräsentationistische Bedeutungsauffassung. Oder man kann den Aspekt eines Ausdrucks als dessen Bedeutung betrachten, der ihn interpretierbar macht; das ist der Aspekt, dem (im Wesentlichen) zu verdanken ist, dass wir verstehen können, was jemand meint, wenn er einen bestimmten Ausdruck verwendet. Dies ist die instrumentalistische Variante.[3]

Wir wollen zunächst die repräsentationistische Auffassung etwas näher erläutern. Sie ist sowohl die ältere als auch die verbreitetere. Im Laufe der Geschichte gab es verschiedene Ansichten darüber, was es denn sei, wofür Ausdrücke stehen: Dinge, Mengen von Dingen, Vorstellungen, Begriffe und neuerdings Konzepte. Sehr verbreitet ist die Ansicht, die Bedeutung eines Wortes sei die mit ihm assoziierte Vorstellung: Die Bedeutung des Wortes *Haus* ist die Vorstellung eines Hauses und die Bedeutung von *grün* ist die Vorstellung der Farbe Grün. Bei Wörtern wie *Haus* und *grün* mag die Vorstellungstheorie

---

3 Zur Unterscheidung von repräsentationistischer und instrumentalistischer Bedeutungskonzeption siehe Keller 1995.

noch eine gewisse suggestive Plausibilität haben; was wäre dieser Theorie gemäß aber die Bedeutung von *tschüs* oder von *gestern* oder gar von *nichts*? Ganz offensichtlich haben diese Wörter eine Bedeutung in unserer Sprache: Hätte *nichts* keine Bedeutung, dann sollten die beiden Sätze *Ich esse* und *Ich esse nichts* die gleiche Bedeutung haben! Und ebenso offensichtlich macht es keinen Sinn, von der Vorstellung von *tschüs*, von *gestern* oder von *nichts* zu reden. Auch mit einem Substantiv wie *Schönheit* lässt sich beim besten Willen keine Vorstellung verbinden. Ich kann mir eine schöne Landschaft vorstellen, ein schönes Auto oder eine schöne Frau. Aber Schönheit selbst kann man sich nicht vorstellen. Jeder Leser kann die Brauchbarkeit der Vorstellungstheorie leicht selbst testen: Versuchen Sie bitte herauszufinden, ob die beiden Wörter *bekommen* und *erhalten* die gleiche Bedeutung haben. Welcher Art sind die Überlegungen, die Sie dabei anstellen? Gemäß der Vorstellungstheorie sollte etwa folgendes Verfahren zum Erfolg führen: Schließen Sie die Augen, vergegenwärtigen Sie sich zunächst die Vorstellung, die Sie mit *bekommen* assoziieren, sodann vergegenwärtigen Sie sich die Vorstellung, die Sie mit *erhalten* assoziieren und dann vergleichen Sie die beiden Vorstellungen und prüfen, ob es die gleichen sind. Kein Mensch käme auf so eine bizarre Idee.[4] Wir machen in solchen Situationen intuitiv das einzig Richtige: Wir „spielen" im Geiste mit den Wortverwendungen und prüfen, ob immer da, wo *bekommen* verwendet wird, auch *erhalten* stehen könnte: *Ich bekomme/erhalte einen Brief* – in diesem Falle geht der Austausch gut. *Sie bekam/erhielt ein Baby* – hier führt der Austausch zu einem anderen Sinn. Im Zuge einer Adoption kann man unter Umständen ein Kind bestellen und dann später auch erhalten. Wer jedoch ein Kind geboren hat, hat es bekommen, nicht aber erhalten. Völlig unmöglich ist der Austausch in Kontexten wie dem Folgenden: *Er bekam/*erhielt Angst und Magenkrämpfe.* Kurzum, wenn wir uns überlegen, ob zwei Wörter die gleiche Bedeutung haben, so

---

4 Wittgenstein PU § 376: „Die Frage ist, wie *vergleicht* man Vorstellungen?"

vergleichen wir nicht irgendwelche Vorstellungen, sondern wir
vergleichen Gebrauchsweisen. Eine andere Strategie, sich der
Frage nach der Bedeutung eines Wortes zu nähern, hat Wittgenstein aufgezeigt: „Was ist die Bedeutung eines Wortes? Wir
wollen diese Frage aufgreifen, indem wir zuerst fragen, was eine
Erklärung der Bedeutung eines Wortes ist; wie sieht die Erklärung eines Wortes aus?" Auch hier machen wir dieselbe Erfahrung. Wer gebeten wird, jemand anderem die Bedeutung eines
Wortes zu erklären, der wird nicht auf die Idee verfallen, über
seine Vorstellungen zu reden, sondern er wird sagen, wie das
Wort verwendet wird. Wir wollen nicht leugnen, dass es Vorstellungen gibt, und dass sprachliches Kommunizieren mit dem
Hervorbringen von Vorstellungen verbunden sein mag. Aber
sie spielen nicht die Rolle, die ihnen die Vorstellungstheoretiker
beimessen. Betrachten wir ein letztes Argument: Wenn ich sage
Ich fahre nächste Woche in Urlaub, so kann es durchaus sein, dass
diese Aussage bei meinem Gesprächspartner eine Vorstellung
auslöst, etwa die von Sonne und Meer. Aber erstens könnte sie
in dem Sinne falsch sein, dass sie nicht meinem Urlaubsziel
entspricht. Wenn er sich Sonne und Meer vorstellt, ich aber
nach Gelsenkirchen fahre, so würden wir daraus ja nicht den
Schluss ziehen, dass er mich falsch verstanden hat. Er hatte
einfach eine falsche Vorstellung von meinem Urlaubsziel. Und
zweitens: Wenn meine Worte bei meinem Gesprächspartner
eine bestimmte Vorstellung auslösen, so wird das nur dann geschehen, wenn er meine Worte verstanden hat. Die Vorstellung
kann nur eine Konsequenz erfolgreicher Kommunikation sein,
nicht jedoch deren Vehikel. Mit anderen Worten, der Adressat
muss die Bedeutung meiner Worte kennen, um eine Vorstellung hervorbringen zu können. Also nicht: Ich habe eine Vorstellung von deinem Urlaubsziel, deshalb verstehe ich deine
Äußerung. Sondern: Ich habe deine Äußerung verstanden, deshalb kann in mir eine Vorstellung über dein mögliches Urlaubsziel entstehen. Wenn aber das Verstanden-Haben eine
Voraussetzung dafür ist, dass eine Vorstellung entstehen kann,
so kann die Vorstellung nichts zum Verständnis beitragen.

Im Gegensatz dazu geht die instrumentalistische Variante davon aus, dass Wörter Instrumente sind, die konventionellerweise dazu dienen, bestimmte Absichten zu verwirklichen. Die Bedeutung eines Wortes ist demnach seine Gebrauchskonvention in der Sprache.[5] Zu wissen, was *tschüs* im Deutschen bedeutet, heißt zu wissen, wie *tschüs* hierzulande verwendet wird – in welchen Situationen und zu welchem Zweck. *Tschüs* wird verwendet, um sich freundschaftlich zu verabschieden in informellen Situationen. *Gestern* wird dazu verwendet, auf den Tag, der dem Tag der so genannten Sprechzeit unmittelbar vorausgeht, zu verweisen. Dies zu wissen, heißt die Bedeutung von *tschüs* und *gestern* zu kennen. Als ein erstes Fazit können wir festhalten:

Die Bedeutung eines Wortes ist die Regel seines Gebrauchs in der Sprache.

Daraus folgt: Bedeutungswandel ist ein Wandel der Gebrauchsregel. Damit sind wir bei unserem zweiten Schlüsselbegriff angelangt, dem des Wandels.

1.3 Zum Begriff des Wandels

Alle Sprachen unterliegen, so lange sie in aktivem Gebrauch sind, einem kontinuierlichen Wandel. Es mag Zeiten geben, in denen sich eine Sprache schneller wandelt oder langsamer, aber es gibt keine, in denen sich eine Sprache überhaupt nicht wandelt. Vom Sprachwandel sind alle Aspekte einer Sprache betroffen – mit Ausnahme jener natürlich, die biologisch determiniert sind. Denn einige Aspekte unserer Sprachen sind genetisch festgelegt und somit allen Sprachen gemein. Diese können sich lediglich im Rahmen der evolutionären Entwicklung der menschlichen Art verändern.

---

5 Wittgenstein PU § 43.

Bleiben wir bei den Aspekten der Sprache, die nicht genetisch, sondern kulturell bedingt sind. Diese sind samt und son-
ders dem Wandel ausgesetzt: von der Lautung über die Regeln
und die Struktur des Satzbaus bis hin zum Wortschatz und der
Bedeutung. Wenn wir beispielsweise sagen, Latein sei eine „to-
te" Sprache, so ist dies im Grunde genommen eine merkwürdige Aussage.[6] Die romanischen Sprachen, wie Französisch, Ita-
lienisch oder Katalanisch sind nichts anderes als die heute ge-
sprochenen Versionen der Sprache, deren früheres Stadium wir
Latein nennen. Latein ist nicht „gestorben", sondern hat sich
beispielsweise zum Italienischen entwickelt. Althochdeutsch ist
nicht „tot", sondern lebt in Form unseres Neuhochdeutschen.
Vom Wandel sind, wie gesagt, alle Bereiche einer Sprache betroffen, nicht nur die Semantik. Wenn wir alte Texte anschauen,
so springt uns zunächst der lautliche Wandel ins Auge. So hieß
beispielsweise *der Siebzehnte* auf ahd. *sibuntozehanto*. Aber es
gibt natürlich auch syntaktischen und morphologischen Wandel, worauf wir hier nicht detailliert eingehen können. Wenn
wir uns die Frage stellen, welche Wandelprozesse jetzt gerade
in unserer Zeit ablaufen, so haben wir meist Schwierigkeiten,
geeignete Beispiele zu finden. Woran liegt das? Diese Schwierigkeiten sind im Phänomen des Sprachwandels selbst begrün-
det. Denn Sprachwandel ist nichts, was wir Sprecher bewusst
und absichtsvoll betreiben. Unsere Vorfahren zu Zeiten eines
Walther von der Vogelweide haben nicht gesagt: Lasst uns so
reden, dass aus unserem Mittelhochdeutsch mit der Zeit Neu-
hochdeutsch wird. Aber faktisch haben sie genau das getan.
Und faktisch reden wir heute so, dass aus unserem Neuhoch-
deutsch mit der Zeit ein Spätneuhochdeutsch wird. Die Sprecher einer Sprache können im Allgemeinen den Sprachwandel
nicht willentlich beeinflussen; sie können ihn weder anhalten
noch beschleunigen. Natürlich können Sprecher dies versuchen. Sprachpuristen beispielsweise tun dies immer mal wieder
mit großem Engagement. Aber gerade dieses Beispiel bestätigt

---

6   Cf. Lüdtke 1991.

unsere These, denn die Geschichte des Sprachpurismus ist eine Geschichte des Scheiterns.[7] Am Beginn eines Wandelprozesses steht sehr oft ein systematisch fehlerhafter Sprachgebrauch. Etwas verkürzt kann man sagen: Systematische Fehler von heute sind die neuen Regeln von morgen. Betrachten wir einige Beispiele: Wenn ein Schüler heute sagt *Er braucht morgen nicht kommen*, so wird ihn ein Lehrer möglicherweise korrigieren, indem er sagt: *„Brauchen" ist kein Modalverb und muss deshalb mit „zu" verwendet werden, es muss also heißen „Er braucht morgen nicht zu kommen".* In einem gewissen Sinne hat der Lehrer damit Recht; aber der Schüler könnte darauf wie folgt antworten: *Aus der Tatsache, dass „brauchen" so oft ohne „zu" mit dem reinen Infinitiv verwendet wird, lässt sich erkennen, dass „brauchen" im Begriff ist, ein Modalverb zu werden. Alle Modalverben waren ehedem ganz normale Vollverben.* Ein anderer Fall eines Wandelsprozesses, der gegenwärtig stattfindet, ist der syntaktische Wandel der Konjunktion *weil*, der mit einem Bedeutungswandel einhergeht: *Er ist schon nach Hause gegangen, „weil" ich sehe sein Auto nicht mehr im Hof* hat offenbar eine andere Bedeutung als die „richtige" Version *Er ist schon nach Hause gegangen, „weil" ich sein Auto nicht mehr im Hof sehe.* Der „korrekte" weil-Satz mit Verb-Endstellung gibt eine Antwort auf die Frage *Warum ist das so?*, während die neue Version mit Hauptsatz-Wortstellung die Frage beantwortet *Woher weißt du das?*. Die Zahl der Beispiele für Sprachwandel in der Gegenwart ließe sich nahezu beliebig fortsetzen. Fast allen Beispielen ist eines gemeinsam: Der neue Sprachgebrauch wird zunächst einmal als fehlerhaft angesehen. Deshalb haben auch so viele Leute Angst vor einem so genannten Sprachverfall. Sie bedenken nicht, dass systematisch auftretende Fehler mit der Zeit ihren Charakter als Fehler verlieren und zu neuen Regularitäten werden. Wen stört es denn heute noch, dass wir das englische Wort *cakes* mit eingedeutschter Orthographie *Keks* schreiben und dazu noch als Singularform empfinden? Na-

---

7 Cf. Daniels 1959.

türlich ist nicht jeder Fehler und jede Neuerung ein Fall von
Sprachwandel. Innovationen – ob fehlerhafte oder nicht – werden erst dann zum Sprachwandel, wenn sie sich in der Sprachgemeinschaft als Konvention etablieren. Die allermeisten Feh-
ler bleiben unbeachtete Eintagsfliegen. Als zweites Fazit können wir festhalten:

**Sprachwandel wird von den Sprechern im Allgemeinen weder be-
absichtigt noch als Wandel bemerkt. Wenn sie etwas bemerken, so
ist es meist nur die systematische Fehlerhaftigkeit und sie schließen
daraus auf einen vermeintlich drohenden Sprachverfall.**

Wie kommen Sprachwandel im Allgemeinen und Bedeutungswandel im Besonderen überhaupt zustande, wenn sie von den
Sprechern einer Sprache nicht gewollt sind? Um dies erklären zu
können, müssen wir zunächst eine begriffliche Unterscheidung
einführen, nämlich die zwischen Sinn und Bedeutung.[8] Es ist
wichtig zu unterscheiden zwischen dem, was ein Wort in einer
Sprache bedeutet und dem, was ein Sprecher in einer bestimmten Situation mit einem Wort meint. Man kann sagen *Es zieht*
und damit meinen *Mach das Fenster zu*, oder man kann *Maschine* sagen und damit in einer bestimmten Situation ein Motorrad
meinen. Die Bedeutung eines Ausdrucks kennt man im Allgemeinen, wenn man die betreffende Sprache beherrscht. Um
hingegen zu verstehen, was jemand mit einem Ausdruck meint,
muss man erstens die Bedeutung dieses Ausdrucks kennen und
zweitens die Situation und den Kontext adäquat einschätzen.
Es zieht bedeutet nicht ‚mach das Fenster zu‘; der Sprecher
könnte sich mit *es* auf ein Pferd bezogen haben; er könnte den
Ausdruck metaphorisch oder ironisch gemeint haben. Dies alles lässt sich nicht auf der Basis der Sprachkenntnis entscheiden; man muss darüber hinaus Situationswissen benutzen. Wir
wollen folgende terminologische Festlegung treffen:

---

8   Die Ausdrücke *Sinn* und *Bedeutung* mögen den einen oder anderen Leser
    an die Fregesche Terminologie erinnern. Vorsichtshalber sei hier darauf hin-
    gewiesen, dass unsere Gebrauchsweise mit der Freges nichts zu tun hat.

Die Bedeutung eines Wortes ist die Regel (die Konvention) seines Gebrauchs in der Sprache; diese lernt man, wenn man die Sprache lernt. Was ein Sprecher in einer bestimmten Situation mit einer bestimmten Verwendung eines Wortes meint, wollen wir den Sinn dieser Verwendung nennen.

Ohne Situationswissen kann ich nicht entscheiden, welchen Sinn die Äußerung *Das ist eine tolle Maschine* hat. Es könnte sich um einen ironischen Bezug auf einen alten Rasierapparat handeln oder um den Ausdruck der Bewunderung für eine neue Harley Davidson.

Kehren wir nun zurück zu der Frage, wie Sprachwandel im Allgemeinen und Bedeutungswandel im Besonderen zustande kommen. Ganz allgemein können wir sagen: Er kommt dadurch zustande, dass viele Sprecher bzw. Hörer in vielen Situationen auf systematische Weise vom bis dato üblichen Sprachgebrauch abweichen – entweder als Sprecher in der Rede oder als Hörer in ihrer Interpretation. Warum aber sollten sie dies tun? Dafür kann es sehr viele Gründe geben. Faulheit ist beispielsweise einer davon; oder höflicher ausgedrückt: das Streben nach Energieersparnis. Die meisten von uns artikulieren zum Beispiel *haben* als /ham/; in ein paar hundert Jahren wird man möglicherweise auch *ham* schreiben. Auf ähnliche Weise ist aus dem lateinischen *habent* spanisch *han* geworden. Auch Bedeutungswandel kann durch die Maxime der Energieersparnis erzeugt werden. In der Floskel *von daher gesehen*, die die Bedeutung hat ‚unter dieser Perspektive betrachtet‘, lassen wir oft *gesehen* einfach weg: *Von daher find ich das ganz gut.* In einem solchen Satz hat die Teilfloskel *von daher* den Sinn der gesamten Floskel, obwohl ein Teil ausgelassen wurde. Wenn man dann *daher* durch ein Substantiv ersetzt, bleibt von der ehemaligen Floskel nur noch das *von* übrig: *Von der Farbe gefällt mir der Pullover, aber vom Schnitt find ich ihn nicht so gut.* Wenn sich diese Redeweise durchsetzt und als normsprachlich Anerkennung findet, wird eine neue Bedeutung der Präposition *von* entstanden sein, die nicht die Frage *Woher?* beantwortet, sondern die Frage *Unter welcher Perspektive?* Neben der Faulheit spielt beispielsweise auch das Streben nach Höflichkeit beim Bedeutungswandel eine große Rolle. Betrachten wir auch hier ein Beispiel: Im Mittelalter wurden nur adlige Damen mit dem Ausdruck *Frau* (mhd. *frowe*) bezeichnet; nichtadligen galt der Ausdruck *Weib* (mhd. *wîp*). Sich höflich ausdrücken heißt unter anderem, Anredeformen wählen, die dem andern schmeicheln, ihn auf keinen Fall erniedrigen. Das Streben nach Höflichkeit führt also dazu, dass man eher eine „Etage" zu hoch greift als eine zu tief. Und daraus folgt langfristig, dass die ehemals höfliche Variante mit der Zeit die Normalform wird. Das ist mit dem deutschen Wort *Frau* passiert, ebenso wie mit dem Wort *Fräulein*, das einst unverheirateten adligen Mädchen vorbehalten war. Schließlich spielt der verbreitete Wunsch zu imponieren oder positiv aufzufallen eine große Rolle als Motor des Bedeutungswandels. Dies haben wir bereits am Beispiel des Adjektivs *geil* gesehen. Eine Methode zu imponieren – sie ist unter Jugendlichen besonders beliebt – besteht darin, sich besonders farbig und expressiv auszudrücken. Tabuwörter eignen sich in gewissen Gruppen dazu hervorragend, aber auch Metaphern. Die metaphorische Aussage: *Der hat das nicht richtig „gepeilt"* klingt „frischer" und expressiver als die langweilige Normalform *Er hat das nicht richtig erkannt*. Wenn aber eine solche Metapher sehr häufig verwendet wird, verliert sie ihre Metaphorizität; mit anderen Worten, man merkt ihr dann gar nicht mehr an, dass es sich um ein sprachliches Bild handelt. Das ist etwa mit den Verben *begreifen* oder *erfassen* geschehen. Uns fällt nicht mehr auf, dass es sich hier um ehemalige Metaphern des körperlichen Anfassens handelt. *Begreifen* hat damit seine alte Bedeutung ‚anfassen' verloren. Eine Marktfrau kann nicht mehr sagen *Sie dürfen das Obst nicht begreifen*. (Auf die Metapher als Mittel der Innovation werden wir ebenfalls weiter unten zurückkommen). Und schließlich kann auch eine gewisse gedankliche Bequemlichkeit beim Interpretieren von Äußerungen auf längere Sicht zu Bedeutungswandel führen: Wer eine Alternative hat, verfügt über zwei Möglichkeiten; heute sagen wir in einer solchen Situation oft: *Er hat zwei Alternativen*. Damit meinen wir nicht, dass der Betreffende vier Möglichkeiten hat! Wir verwenden vielmehr das Wort *Alternative* nicht mehr zur Bezeichnung der Relation, sondern zur Bezeichnung der Argumente der Relation – also der Möglichkeiten.

In all diesen Fällen ist das Grundprinzip stets dasselbe: Die einzelnen Sprecher beabsichtigen nicht die Bedeutung zu ändern. Sie befleißigen sich lediglich eines etwas anderen Sprachgebrauchs, um beispielsweise Energie zu sparen, aufzufallen, höflich zu sein etc. Die einzelnen Sprecher haben beim Kommunizieren fast nie das Schicksal der Sprache im Auge, sondern lediglich ihre eigenen kommunikativen Ziele. Wenn dieser Sprachgebrauch von vielen praktiziert wird – sei es durch Übernahme, sei es aus eigenem Antrieb –, wird er zum Normalfall und damit zur neuen Konvention. Damit hat sich ein Bedeutungswandel vollzogen. Als drittes Fazit wollen wir festhalten:

> **Bedeutungswandel ist ein unbeabsichtigter Nebeneffekt unseres alltäglichen Kommunizierens. Menschen sind bestrebt, ihre alltäglichen kommunikativen Ziele möglichst optimal zu verwirklichen. Wenn es dabei aufgrund ähnlicher Strategien zu gleich gerichteten Wahlen der sprachlichen Mittel kommt, entsteht als Kumulationseffekt mit der Zeit ein Bedeutungswandel.**

Einen bestimmten Fall von Bedeutungswandel betrachten wir in dem Maße als erklärt, in dem es gelungen ist, die Kette von den (als plausibel unterstellten) Intentionen der Sprecher über die Wahl ihrer Mittel hin zu den strukturellen Auswirkungen auf der Ebene der Sprache zu rekonstruieren.

Wir müssen also drei Faktoren der Erklärung strikt voneinander trennen:

1. die eigentlichen Intentionen der Sprecher (z. B. imponieren wollen),

2. die sprachlichen Mitteln ihrer Umsetzung (z. B. metaphorischer Gebrauch eines Wortes),

3. die sprachlichen Folgen, die die Sprecherwahl schließlich zeitigt (z. B. Polysemie).

Oft genug, und auch das sei betont, gelingt es beim besten Willen nicht, Sprecherintentionen plausibel zu rekonstruieren. Man ist dann leicht geneigt, die Wahl der Sprecher mit der Kategorie des Zufalls „erklären" zu wollen. Dabei sollte man sich jedoch bewusst sein: Ein Ereignis mit Hilfe des Zufalls zu erklären, heißt auf eine Erklärung zu verzichten.

Wir werden nun die sprachlichen Mittel bzw. Verfahren, die zu Bedeutungswandel führen können, dann die Folgen und schließlich die kommunikativen Strategien der Sprecher näher erläutern. Dabei konzentrieren wir uns auf Wörter einer Wortart, die einem äußerst dynamischen Wandel unterliegt: die Adjektive. Als die wichtigsten Mittel bzw. Verfahren, die Bedeutungswandel zugrunde liegen, konnten wir Differenzierung, Metapher und Metonymie identifizieren. Diesen drei Verfahren werden wir uns zunächst zuwenden.

Als Textgrundlage, d. h. als Korpus unserer Belegstellen dienen uns vor allem der *Simplicissimus* von Grimmelshausen sowie *Dichtung und Wahrheit* von Goethe. Den ersten Text haben wir als Korpus gewählt, weil er hinreichend umfangreich ist und als repräsentativ für den Sprachgebrauch um die Mitte des 17. Jahrhunderts angesehen werden kann. Goethes Werk *Dichtung und Wahrheit* gilt als repräsentativ für den Sprachgebrauch zu Beginn des 19. Jahrhunderts.

2. Verfahren des Bedeutungswandels

2.1 Differenzierung

Das Verfahren der Differenzierung liegt solchen semantischen Veränderungen zugrunde, die in der Literatur traditionellerweise als Bedeutungsverengung charakterisiert werden. Damit ist gemeint, dass die Extension, d. h. die Menge der möglichen Denotata des entsprechenden Wortes kleiner, seine Intension bzw. die Menge der essenziellen Merkmale der Denotata jedoch größer geworden ist. Die semantische Beziehung der neuen zu der alten Bedeutung wird dann als Hyponymie verstanden. Der Terminus *Differenzierung* hat gegenüber der traditionellen Bezeichnung *Bedeutungsverengung* den Vorteil, dass er unabhängig von klassenlogischen Fragestellungen verwendet werden kann und nicht die Gleichsetzung von Bedeutung und Extension nahe legt.

Betrachten wir folgendes Beispiel:[9]

(1) *Goethe ist schwer zu verstehen.*

Dieser Satz wird für gewöhnlich in folgender Weise interpretiert:

(a) *Goethes Werke sind intellektuell schwer zu verstehen.*

Geht man aber von einem Kontext aus, in dem Goethe noch lebt und erinnert sich daran, dass er aus Frankfurt stammte und daher mit hessischem Dialekt sprach, so kann man (1) unter Umständen auch im Sinne von (b) interpretieren:

(b) *Goethes Aussprache ist phonetisch schwer zu verstehen.*

---

9 Das Beispiel ist an Bierwisch 1983 angelehnt, der von *konzeptueller Differenzierung* spricht. Zum Verfahren der Differenzierung siehe auch Löbner 2002: 37f.

Kennt man sich ein wenig in Goethes Leben aus, und weiß etwa, dass er seine Lebensgefährtin Christiane Vulpius erst nach
mehr als zehn Jahren unehelichen Zusammenlebens geheiratet
hat, so kann man auch auf folgende Interpretation kommen:

(c) *Goethes Verhalten ist psychologisch schwer zu verstehen.*

Während wir im Falle von (a) den Eigenamen *Goethe* metonymisch interpretieren (der Name des Autors wird verwendet,
um auf sein Werk zu referieren; siehe dazu ausführlich Kapitel 3.2), basieren die Interpretationen (b) und (c) in erster Linie
auf einer Reinterpretation des Verbs *verstehen*, denn mit *Goethe*
wird in beiden Fällen auf den Namensträger Bezug genommen.
Aber auch in (a) wird das Verb letztlich in einem speziellen
Sinne verwendet und interpretiert, nämlich im Sinne von ‚Text-
verständnis'. Da es wenig Sinn macht, (a), (b) und (c) als Bedeutungsvarianten eines polysemen Lexems *verstehen* aufzufassen – es sei denn, wir wollten unser Lexikon unüberschaubar
machen – schlagen wir in Anlehnung an Löbner (2002, 37f.)
vor, in diesen Fällen von einer differenzierten bzw. spezifizier-
ten Interpretation zu sprechen. Demnach heißt *etwas oder jemanden verstehen* ‚etwas oder jemanden in einer bestimmten
Hinsicht verstehen'. In welcher Hinsicht *verstehen* zu spezifizieren ist, muss der Adressat aus dem Kontext erschließen.
Das Verfahren der Differenzierung führt also dazu, dass das
betreffende Lexem in einer bestimmten Hinsicht interpretiert
wird. Anders ausgedrückt: Die Gebrauchsregel lässt die Hinsicht offen; im aktuellen Gebrauch wird sie sodann – durch
Kontext oder Situation – spezifiziert. Lyons schlägt zur Über-
prüfung folgenden Fragetest vor:

> *Wenn du sagst, dass er nett ist, meinst du, dass er freundlich oder in einer
> anderen Weise nett ist?* Ebenso wie wir sagen können *Eine Kuh ist ein
> Tier von einer bestimmten Art,* so können wir, allerdings vielleicht weni-
> ger idiomatisch sagen, *etwas kaufen ist etwas in einer bestimmten Weise
> bekommen,* und *freundlich sein (zu jemandem)* bedeutet *nett sein (zu je-
> mandem)* in einer bestimmten Weise. [Hervorhebungen im Original][10]

---

10 Lyons 1980: 304.

Ein Bedeutungswandel infolge von Differenzierung liegt dann vor, wenn eine spezifische Hinsicht Teil der Gebrauchsregel geworden ist; wenn also die spezifische Interpretation des entsprechenden Lexems konventionalisiert ist und damit als eigenständige Bedeutungsvariante im Lexikon aufgeführt werden muss. Der ehemalige kontextspezifische Sinn ist dann zu einer lexikalischen Bedeutung geworden. Wenn zugleich die ehemalige Bedeutung erhalten bleibt, entsteht ein Fall von Polysemie. Darauf werden wir ausführlich in Kapitel 3.1 zu sprechen kommen.

Welche Rolle spielt nun die Differenzierung beim Bedeutungswandel von Adjektiven? Betrachten wir als erstes Beispiel den Bedeutungswandel von *rüstig*. Zur Goethezeit konnten Personen unabhängig ihres Alters als *rüstig* bezeichnet werden:[11]

(2) Bemerkenswert bleibt es hierbei, dass Personen, welche sonst keine Spur von Ahndungsvermögen zeigten, in seiner Sphäre für den Augenblick die Fähigkeit erlangten, dass sie von gewissen gleichzeitigen, obwohl in der Entfernung vorgehenden Krankheits- und Todesereignissen durch sinnliche Wahrzeichen eine Vorempfindung hatten. Aber auf keines seiner Kinder und Enkel hat eine solche Gabe fortgeerbt; vielmehr waren sie meistenteils *rüstige* Personen, lebensfroh und nur aufs Wirkliche gestellt. *(DuW.1 41:14-22)*

(3) Persönlich war mein Vater in ziemlicher Behaglichkeit. Er befand sich wohl, brachte einen großen Teil des Tags mit dem Unterrichte meiner Schwester zu, schrieb an seiner Reisebeschreibung, und stimmte seine Laute länger, als er darauf spielte. Er verhehlte dabei, so gut er konnte, den Verdruss, anstatt eines *rüstigen*, tätigen Sohns, der nun promovieren und jene vorgeschriebene Lebensbahn durchlaufen sollte, einen Kränkling zu finden, der noch mehr an der Seele als am Körper zu leiden schien. *(DuW.2 338:18-26)*

(4) Durch das leichte Kläffen eines uns entgegen kommenden Hündchens angemeldet, wurden wir von einer ältlichen aber *rüstigen* Frauensperson an der Türe freundlich empfangen; sie entschuldigte den Herrn

---

11 Wenn nur Goethe-Stellen als Belege für eine Bedeutungsvariante angeführt werden, findet sich das entsprechende Adjektiv nicht im *Simplicissimus*.

Pater, welcher nach Mailand gegangen sei, jedoch diesen Abend wieder erwartet werde; alsdann aber sorgte sie, ohne viel Worte zu machen, für Bequemlichkeit und Bedürfnis. *(DuW.4 148:8-14)*

Wer heutzutage einen Zwanzigjährigen *rüstig* nennt, vollzieht einen Kalauer, wer einen Fünfundfünfzigjährigen *rüstig* nennt, vollzieht aller Voraussicht nach eine Beleidigung. Denn *rüstig* wird heute nur noch als Charakterisierung älterer Menschen verwendet, von denen man erwarten sollte, dass sie eigentlich bereits gebrechlich sind. Mit anderen Worten: Die frühere Bedeutung ‚kräftig, vital' hat sich dahingehend differenziert, dass der Gebrauchsregel die spezifische Bedingung ‚für einen Menschen dieses hohen Alters' hinzugefügt wurde.

Ein weiteres Beispiel für Differenzierung ist die semantische Entwicklung von *brav*. Es ist etymologisch verwandt mit lat. *barbarus*, das ‚fremdländisch, wild, unkultiviert' bedeutete. Im Spanischen entwickelt *bravo* neben ‚wild, grausam' auch die Verwendungsweise ‚tapfer, tüchtig'. In letzterem Sinne gelangt *brave* über das Italienische und Französische in der ersten Hälfte des 16. Jahrhunderts ins Deutsche. Geläufig wird es aber erst mit dem 30-jährigen Krieg und dient dann zunächst als Bezeichnung einer soldatischen Tugend[12], wobei zu vermuten ist, dass der ursprüngliche Aspekt der Wildheit damals noch gegenwärtig war:

(5) (...) und weil er seinen bloßen Degen noch in der Faust hielt, so kam mich Furcht und Schrecken an, nachdem er ihn aber einsteckte, und nichts als lauter Höflichkeit vorbrachte, hatte ich Ursach mich zu verwundern, dass ein so *braver* Herr einen schlechten Dorfpfarrer so freundlich um Herberg anredet': Ich sprach ihn wegen seiner schönen Person und seines herrlichen Ansehens halber für den Mansfelder selbst an. *(Simplicissimus, Das erste Buch, 22. Kapitel, 64)*

(6) Und was das Allerärgste ist, so bist du von deinen Fuchsschwänzern so verwöhnt, dass du dich selbsten nicht kennst, und von ihnen so eingenommen und vergiftet, dass du den gefährlichen Weg, den du gehest, nicht sehen kannst, denn alles was du tust, heißen sie recht, und alle deine Laster werden von ihnen zu lauter Tugenden gemacht

---

12 Cf. Pfeifer 1989: 210.

und ausgerufen; deine Grimmigkeit ist ihnen eine Gerechtigkeit, und wenn du Land und Leut verderben lässt, so sagen sie, du seist ein *braver* Soldat, hetzen dich also zu ander Leut Schaden, damit sie deine Gunst behalten und ihre Beutel dabei spicken mögen. *(Simplicissimus, Das zweite Buch, 11. Kapitel, 130)*

(7) Wie nun alles vorüber war und wir mit unsern Gefangenen davonpostierten, als ob uns jemand jagte, bedachte erst der gefangene Leutnant, was er für ein groben Fehler begangen, dass er nämlich ein so schönen Truppen Reuter dem Feind so ohnvorsichtig in die Händ geführt und dreizehn so *brave* Kerl auf die Fleischbank geliefert hätte, fing derowegen an zu desperieren und kündete mir das Quartier wieder auf, das ich ihm selbsten gegeben hatte, ja er wollte mich gleichsam zwingen, ich sollte ihn totschießen lassen, denn er gedachte nicht allein, dass dieses Übersehen ihm eine große Schand sein und unverantwortlich fallen, sondern auch an seiner künftigen Beförderung verhinderlich sein würde, wofern es anders nicht gar dazu käme, dass er den Schaden mit seinem Kopf bezahlen müsste: (...) *(Simplicissimus, Das dritte Buch, 7. Kapitel, 232)*

(8) Beim Zoll zu Straßburg stiegen die meisten ans Land, und ich mit ihnen, da ich mich denn gegen dieselben hoch bedankte und unter andern eines jungen Kaufherrn gewahr wurde, dessen Angesicht, Gang und Gebärden mir zu erkennen gaben, dass ich ihn zuvor mehr gesehen, konnte mich aber nicht besinnen, wo? vernahm aber an der Sprach, dass es eben derjenige Kornett war, so mich hiebevor gefangen bekommen, ich wusste aber nicht zu ersinnen, wie er aus einem so *braven* jungen Soldaten zu einem Kaufmann worden, vornehmlich weil er ein geborner Kavalier war: (...) *(Simplicissimus, Das vierte Buch, 10. Kapitel, 336)*

Vom 18. Jahrhundert an wird es dann auch verwendet, um Bürger als ‚ordentlich, rechtschaffen‘ zu charakterisieren:

(9) „Nachbar! Ihr denkt mich zu einem falschen Schritt zu verleiten; es soll Euch nicht gelingen."
„Weder verleiten will ich Euch zu einem falschen Schritt, noch von einem falschen zurückhalten; Euer Entschluss ist gerecht: er geziemt dem Franzosen, dem Königslieutenant; aber bedenkt, dass Ihr auch Graf Thoranc seid."
„Der hat hier nicht mitzusprechen."
„Man sollte den *braven* Mann doch auch hören."

„Nun, was würde er denn sagen?"

„‚Herr Königslieutenant!' würde er sagen, ‚Ihr habt so lange mit so
viel dunklen, unwilligen, ungeschickten Menschen Geduld gehabt,
wenn sie es Euch nur nicht gar zu arg machten. Dieser hat's freilich
sehr arg gemacht; aber gewinnt es über Euch, Herr Königslieutenant!
und jedermann wird Euch deswegen loben und preisen.'" *(DuW.1
102:36-103:11)*

(10) Niemand jedoch schien dies Gespräch ernstlicher zu führen als Pylades, der zuletzt gestand, dass er ein Mädchen außerordentlich liebe
und sich wirklich mit ihr versprochen habe. Die Vermögensumstände
seiner Eltern litten nicht, dass er auf Akademien gehe; er habe sich
aber einer schönen Handschrift, des Rechnens und der neuern Sprachen befleißigt, und wolle nun, in Hoffnung auf jenes häusliche
Glück, sein Möglichstes versuchen. Die Vettern lobten ihn deshalb,
ob sie gleich das frühzeitige Versprechen an ein Mädchen nicht billigen wollten, und setzten hinzu, sie müssten ihn zwar für einen *braven*
und guten Jungen anerkennen, hielten ihn aber weder für tätig noch
für unternehmend genug, etwas Außerordentliches zu leisten. *(DuW.1
173:26-39)*

(11) Ich ward zu meiner Zeit bei einem guten, alten, schwachen Geistlichen, der aber seit vielen Jahren der Beichtvater des Hauses gewesen, in den Religionsunterricht gegeben. Den Katechismus, eine Para-
phrase desselben, die Heilsordnung wusste ich an den Fingern herzu-
erzählen, von den kräftig beweisenden biblischen Sprüchen fehlte mir
keiner; aber von alledem erntete ich keine Frucht; denn als man mir
versicherte, dass der *brave* alte Mann seine Hauptprüfung nach einer
alten Formel einrichte, so verlor ich alle Lust und Liebe zur Sache,
ließ mich die letzten acht Tage in allerlei Zerstreuungen ein, legte die
von einem älteren Freund erborgten, dem Geistlichen abgewonnenen
Blätter in meine Hut und las gemüt- und sinnlos alles dasjenige her,
was ich mit Gemüt und Überzeugung wohl zu äußern gewusst hätte.
(DuW.2 292:24-37)

(12) Es bedurfte nun nicht mehr eines Zurufs von Seiten des *braven* Leh-
rers; er hatte mich durch jene Worte zur rechten Zeit so aus dem
Grunde kuriert, dass ich ihn und seine Kranken nicht leicht wiederzusehen Lust hatte. *(DuW.3 458:17-20)*

Dass sich die Interpretation von *brav* danach richtet, wem dieses Attribut zugewiesen wird, zeigt die Bedeutungsvariante

‚sittsam, treu' in Ausdrücken wie *braves Weib, brave Frau*.
Oder anders gesagt: In jedem Fall gibt der Kontext zu erkennen, in welcher Hinsicht die Zuschreibung ‚ordentlich, rechtschaffen' zu spezifizieren ist: In welcher Hinsicht verhalten
sich Männer rechtschaffen bzw. den Erwartungen der anderen
entsprechend, in welcher Hinsicht Frauen und in welcher Hinsicht Kinder oder beispielsweise Hunde? Heute können wir einen Soldaten oder einen Boxer kaum *brav* nennen, ohne Fehl-
interpretationen zu riskieren. Und in der Schule sind – wenn
überhaupt – nur die Schüler, nicht aber die Lehrer brav. D. h.
heute dient *brav* vornehmlich dazu, Kinder und Hunde im Sinne von ‚gehorsam' zu charakterisieren. Dabei scheint jedoch
der ehemalige Aspekt der Wildheit immer noch etwas mitzu-
schwingen: Brave Männer, Kinder und Hunde sind gleichsam
domestiziert und nicht mehr „wild". Deshalb können wir beispielsweise Hunde und Pferde eher brav nennen als artig. *Arti-
ger Hund* und *artiges Pferd* klingen befremdlich, wenngleich *artig* und *brav* heute ansonsten weitgehend synonym gebraucht
werden können.

Zur Bedeutungsentwicklung von *artig* schreibt das Paul'sche
Wörterbuch: „im 18 Jh. noch mit breitem Bedeutungsspek-
trum: von Personen, deren Verhalten und Erscheinungsbild
‚höflich, verbindlich', ‚angenehm, ansprechend, anmutig'; von
Dingen ‚angemessen, gehörig' (...)."[13] Dieses Bedeutungsspek-
trum spiegelt sich in folgenden Goethezitaten wider:

(13) Als das Werk fertig war, denn es kam zu meiner eignen Verwunde-
rung wirklich zustande, bedachte ich, dass von den vorigen Jahren
mancherlei Gedichte vorhanden seien, die mir auch jetzt nicht ver-
werflich schienen, welche, in ein Format mit „Joseph" zusammen-
geschrieben, einen ganz *artigen* Quartband ausmachen würden, dem
man den Titel „Vermischte Gedichte" geben könnte; welches mir
sehr wohl gefiel, weil ich dadurch im Stillen bekannte und berühmte
Autoren nachzuahmen Gelegenheit fand. *(DuW.1 142:31-39)*

---

13 Paul ⁹1992: 54.

(14) Jedoch ganz nach meinem Sinn waren die mir ungeheuer scheinenden
     Gebäude, die, nach zwei Straßen ihr Gesicht wendend, in großen,
     himmelhoch umbauten Hofräumen eine bürgerliche Welt umfassend,
     großen Burgen, ja Halbstädten ähnlich sind. In einem dieser selt-
     samen Räume quartierte ich mich ein, und zwar in der „Feuerkugel"
     zwischen dem Alten und Neuen Neumarkt. Ein paar *artige* Zimmer,
     die in den Hof sahen, der wegen des Durchgangs nicht unbelebt war,
     bewohnte der Buchhändler Fleischer während der Messe, und ich für
     die übrige Zeit um einen leidlichen Preis. *(DuW.2 245:16-26)*

(15) Aus heiteren blauen Augen blickte sie sehr deutlich umher, und das
     artige Stumpfnäschen forschte so frei in die Luft, als wenn es in der
     Welt keine Sorge geben könnte; der Strohhut hing ihr am Arm, und
     so hatte ich das Vergnügen, sie beim ersten Blick auf einmal in ihrer
     ganzen Anmut und Lieblichkeit zu sehn und zu erkennen. *(DuW.2
     433:25-31)*

Ein spezieller Gebrauch war schon damals der Bezug auf Kinder im Sinne von ‚wohlerzogen, brav', auf den *artig* heute beschränkt ist:

(16) Doch mochte sie sich stellen wie sie wollte, so gewann sie mir wenig
     ab: Denn meine kleine Nachbarin, mit der ich Ellbogen an Ellbogen
     saß, hatte mich ganz für sich eingenommen; und wenn ich in jenen
     drei Damen ganz deutlich die Sylphiden meines Traums und die Far-
     ben der Äpfel erblickte, so begriff ich wohl, dass ich keine Ursache
     hätte, sie festzuhalten. Die *artige* Kleine hätte ich lieber angepackt,
     wenn mir nur nicht der Schlag, den sie mir im Traume versetzt hatte,
     gar zu erinnerlich gewesen wäre. *(DuW.1 59:5-14)*

(17) Wie oft wiederholt man nicht die Litanei vom Schaden der Romane,
     und was ist es denn für ein Unglück, wenn ein *artiges* Mädchen, ein
     hübscher junger Mann sich an die Stelle der Person setzt, der es bes-
     ser und schlechter geht als ihm selbst? Ist denn das bürgerliche Leben
     so viel wert, oder verschlingen die Bedürfnisse des Tags den Men-
     schen so ganz, dass er jede schöne Forderung von sich ablehnen soll?
     (DuW.3 463:29-36)

Die Interpretation dieser Stellen könnte wie folgt lauten:
Wenn du meinst, dass ein Mädchen artig ist, meinst du dann,
dass es wohlerzogen und brav oder in einer anderen Weise
ansprechend ist? Wieder wird die frühere Bedeutung dahinge-

hend modifiziert, dass ihr eine spezielle Bedingung hinzugefügt wird.

Entsprechend verlief die Entwicklung bei dem Antonym *unartig*, das seit dem Mhd. im Sinne von ,ungesittet, grob' verwendet wurde, bevor es gegen Ende des 18. Jahrhunderts im Sinne von ,ungezogen' auf das Verhalten von Kindern beschränkt wird.[14] Für die undifferenzierte Bedeutung sollen folgende Goethestellen Beleg sein:

(18) Da ich jedoch von einem solchen Leidenstrotz gleichsam Profession machte, so wuchsen die Zudringlichkeiten der andern; und wie eine *unartige* Grausamkeit keine Grenzen kennt, so wusste sie mich doch aus meiner Grenze hinauszutreiben. *(DuW.1 66:24-27)*

(19) Ehe ich nun irgend etwas ahnden konnte, denn ich hatte mich bisher ganz harmlos mit dem jungen Mann unterhalten, so fing der Hauptmann mit einem unangenehmen Ton, den ich an ihm wohl kannte, zu sticheln an, auf das Tassenpaar und auf dieses und jenes. Der Jüngere, betroffen, suchte heiter und verständig auszuweichen, wie es unter Menschen von Lebensart die Gewohnheit ist; allein der Alte fuhr fort schonungslos *unartig* zu sein, dass dem andern nichts übrig blieb, als Hut und Stock zu ergreifen und beim Abschiede eine ziemlich unzweideutige Ausforderung zurückzulassen. *(DuW.2 381:18-27)*

Einen weiteren Fall von Differenzierung stellt die Bedeutungsentwicklung von *ehrlich* dar, das vormals ,durch Ehre vor anderen ausgezeichnet, vornehm' bedeutete:

(20) Das loseste Stücklein aber, das er dem Julo tat, war dieses, dass er sich mit einer Dam von *ehrlichem* Geschlecht verplemperte, folgends selbige seinem Herrn kupplete und demselben über dreiviertel Jahr den jungen Balg zuschreiben ließ, den er ihr doch selbst angehängt hatte. *(Simplicissimus, Continuatio, 8. Kapitel, 517)*

„Länger behauptet sich die attributive Beziehung auf die gewöhnliche bürgerliche Ehre, das Freisein von Schande; noch jetzt *ehrlicher Name, ehrliches Begräbnis*; nach älterer Rechtsprechung gibt es eine Klasse von *unehrlichen Leuten*. Daher ist *e.*

---

14 Cf. Paul [9]1992: 937.

‚anständig, geziemend' (...)".[15] Hierfür finden sich im *Simpli-cissimus* die folgenden Belege:

(21) Der junge Herzbruder aber entledigte sich mit dreißig Reichstalern, dafür ihm sein Kapitän einen *ehrlichen* Abschied gab, verfügte sich mit dem übrigen Geld und guter Gelegenheit nach Hamburg, montierte sich allda mit zweien Pferden und ließ sich unter der schwedischen Armee für einen Freireuter gebrauchen, mir indessen unsern Vater befehlend. *(Simplicissimus, Das zweite Buch, 23. Kapitel, 171)*

(22) Ein rechtschaffener Edelmann, ehe er seinem Geschlecht durch Untreu, Feldflucht, oder sonst etwas dergleichen einen Schandflecken anhängte, ehe würde er *ehrlich* sterben: (...). *(Simplicissimus, Das erste Buch, 17. Kapitel, 49)*

(23) „Gewisslich schönste Dame", sagt' er, „mir ist versichert von Herzen leid, dass uns die Früchte der Lieb zu genießen vom missgünstigen Glück kein *ehrlicher* Ort gegönnet wird; aber ich kann daneben beteuren, dass mir Ihre holdselige Gegenwart diesen verächtlichen Winkel anmutiger macht als das lieblichste Paradeis selbsten." *(Simplicissimus, Das zweite Buch, 1. Kapitel, 99-100)*

(24) Dieser Kornett war ein tapferer junger Kavalier und nicht über zwei Jahr älter als ich, er erfreute sich trefflich, dass er die Ehr hatte, den berühmten Jäger gefangen zu haben, deswegen hielt er auch das versprochen Quartier sehr *ehrlich* und auf Holländisch, deren Gebrauch ist, ihren gefangenen spanischen Feinden von demjenigen, was der Gürtel beschließt, nichts zu nehmen; (...). *(Simplicissimus, Das dritte Buch, 14. Kapitel, 260-261)*

(25) (...) mit fernerer Ermahnung, er sei seinem Herrn nit allein mitgeben worden ihm zu dienen, sondern auch durchaus seinen Schaden zu wenden, seinen Nutzen zu fördern, ihn zu allen *ehrlichen* Tugenden anzureizen, vor allen schändlichen Lastern zu warnen und vornehmlich sein zeitliche Hab nach möglichestem Fleiß zusammenzuheben und beobachten, welche er aber im Gegenteil selbst zu sich reiße und ihn, Julum, noch dazu in allerhand Laster stürzen helfe; (...). *(Simplicissimus, Continuatio, 6. Kapitel, 510)*

Wenn nun jemand meint, dass sich eine Person anständig benimmt, so kann man fragen: Meinst du, dass sie aufrichtig oder

---

15 Paul ⁹1992: 195.

in einer anderen Hinsicht anständig ist? Die Aufrichtigkeit wird
als ein Spezialfall der Anständigkeit interpretiert.

(26) Bekannt mit der Hof- und Staatswelt, und eines erneuten Adels sich
erfreuend, erlangte er dadurch einen Namen, dass er in die verschiedenen Regungen, welche in Kirche und Staat zum Vorschein kamen,
einzugreifen den Mut hatte. Er schrieb den „Grafen von Rivera", einen didaktischen Roman, dessen Inhalt aus dem zweiten Titel: „oder
der *ehrliche* Mann am Hofe" ersichtlich ist. Dieses Werk wurde gut
aufgenommen, weil es auch von den Höfen, wo sonst nur Klugheit zu
Hause ist, Sittlichkeit verlangte; und so brachte ihm seine Arbeit Beifall und Ansehen. *(DuW.1 75:10-20)*

(27) Auch Salzmann betrug sich schonend gegen ihn; schonend, sage ich,
weil Salzmann, seinem Charakter, Wesen, Alter und Zuständen nach,
auf der Seite der vernünftigen, oder vielmehr verständigen Christen
stehen und halten musste, deren Religion eigentlich auf der Rechtschaffenheit des Charakters und auf einer männlichen Selbständigkeit
beruhte, und die sich daher nicht gern mit Empfindungen, die sie
leicht ins Trübe, und Schwärmerei, die sie bald ins Dunkle hätte führen können, abgaben und vermengten. Auch diese Klasse war respek-
tabel und zahlreich; alle *ehrliche* tüchtige Leute verstanden sich und
waren von gleicher Überzeugung sowie von gleichem Lebensgang.
(DuW.2 372:9-21)

Und diese spezialisierte Variante ist heute die allgemein übliche,
wohingegen die allgemeinere Verwendungsweise verschwunden
ist. Bemerkenswert ist hier, dass im Vergleich dazu die Adjektive
ehrenhaft, ehrbar, ehrenwert und *ehrenvoll* alle ihren engen Bezug zu *Ehre* behalten haben.

Bei der interessanten Bedeutungsentwicklung von *witzig*
handelt es sich ebenfalls um einen Fall von Differenzierung.
Noch bis ins 18. Jahrhundert hinein wird es im Sinne von ,ver-
ständig, klug, gescheit' verwendet:

(28) Ich trat ihm nach gegen ein großes Haus zu, allwo ich im Saal Männer, Weiber und ledige Personen so schnell untereinander herum-
haspeln sah, dass es frei wimmelte; die hatten ein solch Getrippel und
Gejohl, dass ich vermeinte, sie wären alle rasend worden, denn ich
konnte nicht ersinnen, was sie doch mit diesem Wüten und Toben
vorhaben möchten? ja ihr Anblick kam mir so grausam, fürchterlich

und schrecklich vor, dass mir alle Haar gen Berg stunden, und konnte nichts anders glauben, als sie müssten aller ihrer Vernunft beraubt sein: Da wir näher hinzukamen, sah ich, dass es unsere Gäst waren, welche den Vormittag noch *witzig* gewesen. *(Simplicissimus, Das erste Buch, 34. Kapitel, 93)*

(29) Doch war ich so schlau, dass ich nichts sagte, denn wenn ich die Wahrheit bekennen soll, so bin ich, als ich zum Narren werden sollte, allererst *witzig* und in meinen Reden behutsamer worden. *(Simplicissimus, Das zweite Buch, 8. Kapitel, 119)*

(30) Damals stund ich aus und empfand (jedoch ganz unvermerkt) die Wirkung des Unverstands und der Unwissenheit, wenn ein unvernünftig Tier an meiner Stell gewesen wäre, so hätte es besser gewusst, was es zu seiner Erhaltung hätte tun sollen, als ich, doch war ich noch so *witzig*, als mich abermal die Nacht ereilte, dass ich in einen hohlen Baum kroch, mein Nachtlager darinnen zu halten. *(Simplicissimus, Das erste Buch, 5. Kapitel, 20)*

(31) Er fragte ihn erstlich, ob er mich für *witzig* oder für närrisch hielte? oder ob ich so einfältig oder so boshaftig sei? *(Simplicissimus, Das zweite Buch, 3. Kapitel, 103)*

(32) Andere sagten, wenn man mir die Imagination benehme, dass ich ein Kalb sei, oder mich überreden könnte, dass ich wieder zu einem Menschen worden wäre, so würde ich für vernünftig oder *witzig* genug zu halten sein. *(Simplicissimus, Das zweite Buch, 13. Kapitel, 135)*

(33) Zweitens, warum ich mich in Gestalt eines Narrn dem Lager vor Magdeburg genähert, da ich doch in des Rittmeisters Diensten sowohl als jetzt *witzig* genug sei? *(Simplicissimus, Das zweite Buch, 26. Kapitel, 180-181)*

Im Laufe des 18. Jahrhunderts kommt es dann – in Anlehnung an frz. *esprit* und engl. *wit* – zu einer Differenzierung der Bedeutungsvariante ‚geistreich‘. Das Geistreichsein wird von nun an als ein Spezialfall der Klugheit verstanden. Und bereits Ende des 18. Jahrhunderts galt die Verwendungsweise im Sinne von ‚klug‘ als veraltet; die zeitgenössische Bedeutung charakterisiert Adelung als

das vermögen besitzend, verborgene ähnlichkeiten zu entdecken und darin gegründet. *ein witziger kopf* der dieses vermögen in einem hohen grade besitzet; *witzige schriften* worin dasselbe vorzüglich angewendet wird. *Etwas Witziges sagen.*[16]

Zur Goethezeit herrschte also die Bedeutungsvariante ‚geistreich' vor, was die folgenden Stellen, in denen *witzig* in Kombination mit *geistreich* vorkommt, nahe legen:

(34) Die mancherlei Angelegenheiten, die vor dem Richterstuhle des Königslieutenants geschlichtet wurden, hatten dadurch noch einen ganz besondern Reiz, dass er einen eigenen Wert darauf legte, seine Entscheidungen zugleich mit einer *witzigen*, geistreichen, heitern Wendung zu begleiten. Was er befahl, war streng gerecht; die Art, wie er es ausdrückte, war launig und pikant. *(DuW.1 87:8-14)*

(35) Meinem Vater wollte es jedoch keineswegs gefallen: denn nach seinen reichsbürgerlichen Gesinnungen hatte er sich jederzeit von den Großen entfernt gehalten, und obgleich mit den Geschäftsträgern der umliegenden Fürsten und Herren in Verbindung, stand er doch keineswegs in persönlichen Verhältnissen zu ihnen; ja es gehörten die Höfe unter die Gegenstände, worüber er zu scherzen pflegte, auch wohl gern sah, wenn man ihm etwas entgegensetzte, nur musste man sich dabei, nach seinem Bedünken, geistreich und *witzig* verhalten. *(DuW.3 53:32-54:2)*

Im DWb wird außerdem darauf hingewiesen, dass die heutige Bedeutung ‚spaßig, lustig' bereits zu dieser Zeit aufkam, sich aber erst im 19. Jahrhundert richtig durchsetzte.[17] Bei diesem letzten Schritt der Bedeutungsentwicklung von *witzig* handelt es sich jedoch nicht um einen Fall von Differenzierung, sondern um eine Metonymie: Er redet geistreich, folglich bringt er die Leute zum Lachen. Das Geistreichsein wird verstanden als eine Voraussetzung, um andere zum Lachen bringen zu können (zur Metonymie siehe Kapitel 2.3). Mittlerweile kündigt sich eine Weiterentwicklung dieser Bedeutung an, die sich analog zu der von *komisch* vollzieht. Komisch ist zunächst einmal ein Clown oder ein Komiker. Viel häufiger aber verwenden wir das Adjektiv *komisch* im Sinne von ‚seltsam', und zwar sowohl in Bezug auf Menschen als auch auf Sachen:

---

16 Adelung 1970: 1587.
17 Cf. DWb 30: 897.

(36a) *Egon ist ein komischer Kerl.*

(36b) *Schau mal, ist das ein komisches Fahrrad!*

Wenn wir in diesen beiden Sätzen *komisch* durch *witzig* ersetzen, so stellen wir fest, dass die Bedeutung ‚seltsam' erhalten
bleibt, aber die Beurteilung positiver ist. *Ein komisches Fahrrad*
sagt man mit einem skeptische Stirnrunzeln, *ein witziges Fahrrad* jedoch mit freudiger Neugier. *Witzig* bedeutet in diesem
Sinne ‚auf geistreiche Weise seltsam' und *komisch* bedeutet ‚auf
merkwürdige Weise seltsam'. Damit verfügen wir über eine positive und eine negative Variante, etwas als seltsam zu bewerten. Dies ist ein Beispiel dafür, was man traditionellerweise einen analogen Bedeutungswandel nennt.

Eine Differenzierung liegt wiederum vor bei der semantischen Entwicklung von *zudringlich*. Die ursprüngliche allgemeine Bedeutung umschreibt das DWb wie folgt: „(...) zudringlich *ist alles unangenehme, was sich uns zudrängt:* der wind
auf dem posthofe war widerlich zudringlich (...)."[18] Bei Goethe
finden sich die folgenden Belegstellen für *zudringlich*:

(37) Was mich beschäftigte, war mir vollkommen gegenwärtig; aber ich
    fragte nicht, ob es auch andern gemäß sein könne. Ich war meist zu
    lebhaft oder zu still, und schien entweder *zudringlich* oder stöckig, je
    nachdem die Menschen mich anzogen oder abstießen; und so wurde
    ich zwar für hoffnungsvoll gehalten, aber dabei für wunderlich er-
    klärt. *(DuW.1 198:36-199:2)*

(38) Ich sollte nach wie vor die Wahrhaftigkeit der Leiden Werthers und
    den Wohnort Lottens bezeugen, welchem Ansinnen ich mich nicht
    auf die artigste Weise entzog, dagegen die Kinder um mich versam-
    melte, um ihnen recht seltsame Märchen zu erzählen, welche aus lau-
    ter bekannten Gegenständen zusammengesonnen waren; wobei ich
    den großen Vorteil hatte, dass kein Glied meines Hörkreises mich
    etwa *zudringlich* gefragt hätte, was denn wohl daran für Wahrheit
    oder Dichtung zu halten sein möchte. *(DuW.3 28:17-26)*

---

18 DWb 32: 3294.

(39) Seine Gegenwart war nicht unangenehm, von Körper schlank und re-
gelmäßiger Gesichtsbildung; sein Betragen nicht *zudringlich*, aber
doch mit einem Ausdruck von Sicherheit seiner Überzeugung, was zu
tun sei, auch wohl heiter und gewandt bei wegzuräumenden Hinder-
nissen. Er mochte stark in den Vierzigen sein, und es reut mich noch
(ich darf das oben Gesagte wiederholen), dass ich ihn nicht als Trieb-
rad in den Mechanismus irgend einer Novelle mit eingefügt habe.
(DuW.4 101:7-15)

(40) Ein rühriger Geist fasst überall Fuß; Fähigkeiten, Talente erregen Ver-
trauen; jedermann denkt, es komme ja nur auf eine veränderte Richtung an. *Zudringliche* Jugend findet Gunst, dem Genie traut man alles
zu, da es doch nur ein Gewisses vermag. *(DuW.4 111:37-112:2)*

(41) Aber was ereignete sich! Die Messe kam, und so erschien der Schwarm
jener Gespenster in ihrer Wirklichkeit; alle Handelsfreunde des bedeutenden Hauses kamen nach und nach heran, und es offenbarte
sich schnell, dass keiner einen gewissen Anteil an der liebenswürdigen
Tochter völlig aufgeben wollte noch konnte. Die Jüngeren, ohne *zudringlich* zu sein, erschienen doch als Wohlbekannte, die Mittleren,
mit einem gewissen verbindlichen Anstand, wie solche, die sich beliebt
machen und allenfalls mit höheren Ansprüchen hervortreten möchten.
Es waren schöne Männer darunter, mit dem Behagen eines gründlichen
Wohlstandes. Nun aber die alten Herren waren ganz unerträglich mit
ihren Onkelsmanieren, die ihre Hände nicht im Zaum hielten, und
bei widerwärtigem Tätscheln sogar einen Kuss verlangten, welchem
die Wange nicht versagt wurde; ihr war so natürlich, dem allen anständig zu genügen. *(DuW.4 168:1-16)*

Heute hingegen wird *zudringlich* ausschließlich dazu verwendet,
Personen zu charakterisieren, die sich in belästigender Weise
anderen körperlich nähern:

(42) *Sie beklagte sich, dass er zudringlich geworden sei.*

Die körperliche Annäherung wird als Spezialfall der Belästigung
aufgefasst. Oder anders ausgedrückt: Das allgemein Unangenehme ist reduziert auf die körperliche Belästigung. Wieder kann
man fragen: Auf welche Weise wurde er bzw. sie belästigt? Auf
körperliche Weise. Gefördert wird diese Interpretation durch
die häufige Kollokation *der zudringliche Liebhaber*. Möglicher-

weise steckt hinter diesem Bedeutungswandel von *zudringlich*
eine euphemistische Absicht der Sprecher: Es kam zu Hand-
greiflichkeiten, ich aber spreche allgemein – und damit verharm-
losend – von Unannehmlichkeiten.

Schließlich ist auch der Bedeutungswandel von *zweideutig*
ein Beleg für eine semantische Differenzierung: Eigentlich charakterisiert *zweideutig* Phänomene, die zwei Interpretationen
zulassen, wie dies (43) veranschaulicht:

> (43) Weil denn nun auch jede Stadt ihre Tragödie haben muss, wovor sich
> Kinder und Kindeskinder entsetzen, so ward in Straßburg oft des un-
> glücklichen Prätors Klinglin gedacht, der, nachdem er die höchste Stufe
> irdischer Glückseligkeit erstiegen, Stadt und Land fast unumschränkt
> beherrscht und alles genossen, was Vermögen, Rang und Einfluss nur
> gewähren können, endlich die Hofgunst verloren habe, und wegen
> alles dessen, was man ihm bisher nachgesehen, zur Verantwortung ge-
> zogen worden, ja sogar in den Kerker gebracht, wo er, über siebenzig
> Jahre alt, eines *zweideutigen* Todes verblichen. *(DuW.2 377:31-378:2)*

In dieser Textpassage kann der Tod sowohl als ein natürlicher
aufgrund des Alters als auch als ein unnatürlicher infolge der
Kerkerhaft interpretiert werden. Diese Bedeutung hat sich in
der Fachsprache der Linguistik, nicht aber in der Umgangssprache erhalten. Die heutige Bedeutungsvariante (44) ist dann
die Folge davon, dass *zweideutig* vermehrt in Situationen verwendet wurde, in denen die eine der beiden Interpretationen als
anstößig interpretiert wurde:

> (44) *Karl macht gern zweideutige Witze.*

Mit anderen Worten: *Zweideutig* hat heute stets eine sexuelle
Lesart. Auch hier kann man wieder fragen: In welcher Hinsicht
sind Karls Witze zweideutig? Und die Antwort lautet: in sexueller Hinsicht. Doppeldeutigkeit, bei der die eine Variante
harmlos, die andere aber anstößig ist, wird als Spezialfall zweier
Interpretationsmöglichkeiten aufgefasst.

All diesen Adjektiven, die wir bislang betrachtet haben, ist
eines gemeinsam: Ihre vormalige Bedeutung ist sehr allgemei-
ner Natur und ihre Verwendungsweise ist nicht sehr bereichs-

spezifisch. In einer konkreten Verwendung wird sodann der generische Sinn konkretisiert; er wird gleichsam „aufgeladen" mit spezifischen Eigenschaften. Werfen wir zur Erläuterung nochmals einen Blick auf das Beispiel *artig*. Dieses Adjektiv konnte auf alles Mögliche bezogen werden und hatte etwa die Bedeutung ,wie man es von einem Gegenstand dieser Art erwarten kann', ,artgemäß (im positiven Sinne)'. Wenn wir nun ein Adjektiv, das eine solch allgemeine Bedeutung hat, auf einen spezifischen Gegenstand beziehen, so wird die Charakterisierung ,artgemäß (im positiven Sinne)' konkretisiert. Hätte man *artig* von einem Zugochsen ausgesagt, so wäre vermutlich der Sinn ,stark' entstanden, artige Früchte wären vermutlich süße gewesen, artiges Fleisch ein zartes und ein artiges Klavier wäre vermutlich ein wohlklingendes. Man kann sich gewissermaßen für jede Gattung ausrechnen, welche Bedeutung dieses Wort bekommen hätte, wenn sich die Verwendung auf diese Gattung spezialisiert hätte. Nun ist es so gekommen – weshalb wissen wir nicht – dass *artig* seinen Verwendungsbereich nicht auf Musikinstrumente oder Früchte fokussierte, sondern auf Kinder. Damit erhielt dieses Adjektiv die Bedeutung ,wohlerzogen'. Denn so wie stark zu sein die prototypische, artspezifische Tugend des Zugochsen ist und süß zu sein die einer Frucht, so ist wohlerzogen zu sein die prototypische Tugend eines heranwachsenden Kindes. Ein Bedeutungswandel nach diesem Muster kann jedem Adjektiv passieren, dessen Bedeutung generisch und dessen Verwendungsweise nicht oder nur wenig bereichsspezifisch ist, beispielsweise dem Adjektiv *angenehm*. Ein solcher Bedeutungswandel würde dann stattfinden, wenn sich die Verwendung von *angenehm* auf einen bestimmten Bereich spezialisieren würde. Wenn dieser Bereich das Wetter wäre, so würde *angenehm* wohl die Bedeutung ,warm und trocken' annehmen, und wenn es Menschen wären, so würde vermutlich die Bedeutung ,höflich und zurückhaltend' entstehen. Ob ein solcher Prozess stattfinden wird, wissen wir freilich nicht. Was wir jedoch mit guten Gründen annehmen können, ist Folgendes: Wird das Adjektiv *angenehm* irgendwann einmal zu einem Zeit-

punkt Z vorzugsweise auf Gegenstände der Gattung G bezogen werden, so wird es seine Bedeutung dahingehend verändern, dass es dazu dient, diejenigen Eigenschaften zu bezeichnen, die ein G für die Menschen, die in der Zeit Z leben, zu einem angenehmen G machen.

Ein besonderer Fall von Differenzierung hat sich schließlich
im Bereich der adjektivischen Grundfarbwörter abgespielt, die
von Berlin und Kay in einer viel beachteten Studie aus dem Jahre 1969 untersucht worden sind.[19] Berlin und Kay ging es um
die Frage, ob sich die Segmentierung des Farbspektrums in unserer Wahrnehmung mit der Segmentierung dieses Spektrums
durch unsere Sprache deckt. Anders ausgedrückt: Entspricht eine unterschiedliche Anzahl von Grundfarbwörtern in den verschiedenen Sprachen einer unterschiedlichen wahrnehmungs-
mäßigen Aufteilung des Farbspektrums? Dabei gelangten sie
u. a. zu dem Ergebnis, dass die verschiedenen Sprachen eine
Auswahl aus genau elf Grundfarbwörter treffen und dass diese
Auswahl eine festgelegte Reihenfolge in der Entwicklung der
Grundfarbwörter widerspiegelt, die sich in sieben Stufen darstellen lässt: Stufe 1 umfasst allein die Grundfarbwörter für
Weiß und Schwarz (genauer: für Hell und Dunkel), d. h., alle
Sprachen unterscheiden zwei Grundfarbwörter; auf der Entwicklungsstufe 2 kommt dann das Grundfarbwort für Rot, auf
Stufe 3 entweder das Grundfarbwort für Grün oder für Gelb
hinzu; Stufe 7 umfasst schließlich acht und mehr Farbwörter.
Aus dieser Struktur lässt sich folgender Schluss ziehen: Verfügt
eine Sprache z. B. über das Grundfarbwort *blau* (Entwicklungsstufe 5), so kann man daraus schließen, dass sie auch Grundfarbwörter für Grün, Gelb, Rot, Weiß und Schwarz aufweist.
Mit anderen Worten: Die höhere Entwicklungsstufe inkludiert

---

19 Grundfarbwörter im Deutschen sind beispielsweise *grün* und *blau*, und
   zwar aus folgendem Grund: Sie sind weder zusammengesetzt (wie *weinrot*) noch ist ihre Verwendung bereichsspezifisch (wie *blond*). Wörter wie
   weinrot oder *blond* gelten somit nicht als Grundfarbwörter. Ersteres ist ein
   Kompositum und Letzteres kann nur in Bezug auf Haare und Bier verwendet werden.

stets die Grundfarbwörter der jeweils tieferen Stufen. Diese stets feste Reihenfolge spiegelt sich auch in der Entwicklung unserer Sprache wider. So wurden die Grundfarbwörter *violett* und *lila* erst im 17./18. Jahrhundert aus dem Französischen ins Deutsche entlehnt, was den Geltungsbereich von *braun*, *rot* und *blau* weiter einschränkte.[20]

Zu dieser Entwicklung – hin zu einer immer differenzierteren sprachlichen Einteilung des Farbspektrums – passt auch die Beobachtung, dass viele Farbadjektive ehemals im vagen Sinne von ‚hell, glänzend‘ verwendet wurden. So ist beispielsweise *blau* etymologisch verwandt mit lat. *flavus*, das ‚goldgelb, blond‘ bedeutete.[21] Nur vor dem Hintergrund dieses Wissens lassen sich die folgenden Textstellen angemessen interpretieren, in denen Goethe das Wort *blau* etymologisierend verwendet:

(45) Dieser köstliche Anblick, den ich in vollem Sonnenschein genoss, fesselte ganz meine Augen; aber ich wusste fast nicht, wo ich den Fuß hinsetzen sollte: denn die schlängelnden Wege waren aufs Reinlichste von *blauem* Sande gezogen, der einen dunklern Himmel, oder einen Himmel im Wasser, an der Erde zu bilden schien; und so ging ich, die Augen auf den Boden gerichtet, eine Zeit lang neben meinem Führer, bis ich zuletzt gewahr ward, dass in der Mitte von diesem Beeten- und Blumenrund ein großer Kreis von Zypressen oder pappelartigen Bäumen stand, durch den man nicht hindurchsehen konnte, weil die untersten Zweige aus der Erde hervorzutreiben schienen. *(DuW.1 57:19-30)*

(46) Einen solchen besaßen wir an unserem Freund Horn, dessen Name schon zu allerlei Scherzen Anlass gab und der, wegen seiner kleinen Gestalt, immer nur Hörnchen genannt wurde. Er war wirklich der Kleinste in der Gesellschaft, von derben, aber gefälligen Formen; eine Stumpfnase, ein etwas aufgeworfener Mund, kleine funkelnde Augen bildeten ein schwarzbraunes Gesicht, das immer zum Lachen aufzufordern schien. Sein kleiner gedrungener Schädel war mit krausen schwarzen Haaren reich besetzt, sein Bart frühzeitig *blau*, den er gar zu gern hätte wachsen lassen, um als komische Maske die Gesellschaft immer im Lachen zu erhalten. *(DuW.2 236:37-237:9)*

---

20 Cf. Beeh 1993: 17.
21 Cf. Pfeifer 1989: 184.

In diesem Sinne ist auch das Kompositum *Blaubart* zu verstehen, das natürlich nicht dazu dient, Frauenmörder mit blau gefärbten Bärten zu bezeichnen.

2.2 Metaphorischer Wandel

Neben der Differenzierung spielt der Prozess der Metaphorisierung beim Bedeutungswandel eine große Rolle. Betrachten wir dazu die Beispiele (1) und (2):

(1) *Napoleon war ein großer Stratege.*

(2) *Karl ist ein kleiner Angestellter.*

Unter gewöhnlichen Umständen wird weder in (1) noch in (2) das jeweilige Dimensionsadjektiv in seinem wörtlichen Sinn interpretiert, wonach sich *groß* auf den oberen, positiven Bereich der Größenskala und *klein* auf den unteren, negativen Bereich der Größenskala bezieht. Stattdessen interpretieren wir (1) und (2) metaphorisch:

(a) ‚*Napoleon war ein bedeutender Stratege.*‘

(b) ‚*Karl ist ein unbedeutender Angestellter.*‘

Was heißt es, einen Ausdruck metaphorisch zu interpretieren, und was veranlasst uns dazu? Beim metaphorischen Gebrauch eines Ausdrucks wird ein Gegenstand eines Bereichs unter der Perspektive eines anderen Bereiches gesehen. In unseren Beispielen wird Napoleon als Stratege bzw. Karl in seiner Angestelltenfunktion unter dem Aspekt der (Körper-)Größe betrachtet. Dies allein muss noch keine Metapher erzeugen; denn es ist ja nicht ausgeschlossen, dass der Sprecher mit der Äußerung (1) tatsächlich etwas über Napoleons Körpergröße sagen wollte. Er könnte sich beispielsweise über dessen wirkliche Körpergröße irren – oder er könnte ironisch sein wollen. In beiden Fällen hätte er keine metaphorische Interpretation intendiert. Eine metaphorische Interpretation kommt dann zustande, wenn der Hörer den wörtlichen Sinn unter den gegebenen

Äußerungsumständen für irrational hält und deshalb annimmt, dass der Sprecher eine wörtliche Interpretation auch nicht intendiert.[22] In unseren Beispielen wird die metaphorische Interpretation dadurch ausgelöst, dass der Hörer weiß, dass Napoleon eher kleinwüchsig war, dass Körpergröße bei der Frage des strategischen Talents keine Rolle spielt und davon ausgeht, dass dies der Sprecher ebenfalls weiß. Das Analoge gilt für Beispiel (2): Wenn zwischen Sprecher und Hörer gemeinsames Wissen besteht, dass es in gegebenem Kontext keinen Sinn macht, etwas über Karls Körpergröße zu sagen, wird der Hörer nach einer alternativen – in diesem Falle metaphorischen – Interpretation suchen; und er wird unterstellen, dass eine solche vom Sprecher auch intendiert ist. Dabei wird er annehmen, dass das, was der Sprecher meint, mit dem wörtlichen Sinn seiner Äußerung in einem systematischen assoziativen Zusammenhang steht. In unserem Fall wird er annehmen, dass die Dimension der Körpergröße als Modell und Analogon für die Dimension der Bedeutsamkeit bzw. des sozialen Rangs dienen soll. Er wird also Aspekte und Strukturen des Quellbereichs – der Körpergröße – auf den Zielbereich – die Funktion als Stratege bzw. als Angestellten – übertragen. Anders ausgedrückt: Die Bedeutsamkeit von Napoleon und Karl wird in Form der konkreten Dimension ‚Körpergröße' konzipiert und versprachlicht. Betont wird dabei der Gegensatz der beiden Bereiche; unberücksichtigt bleibt die Tatsache, dass es zwischen *groß* und *klein* eine Grauzone des Weder-noch gibt.

Metaphorische Interpretationen basieren immer auf der wörtlichen Bedeutung der entsprechenden Wörter, können aber auf verschiedenen Ebenen ausgelöst werden. Im Falle von (1) kann es die Satzebene sein, d. h. die Kombination des Prädikats *ein großer Stratege* mit dem Subjekt *Napoleon*. In diesem Fall wäre es das Wissen, dass Napoleons Körpergröße eher gering war, das dazu zwingt, nach einer anderen – und zwar plausiblen Interpretation zu suchen. Aufgrund ihrer attributiven

---

22 s. Keller 1995: 201.

Funktion werden metaphorische Interpretationen von Adjektiven oftmals bereits auf der Ebene der Nominalgruppe ausgelöst
(*ein großer Stratege, ein kleiner Angestellter*).
Die Metaphorisierung selbst stellt allerdings noch keinen
Fall von Sprachwandel dar. Ein solcher liegt erst dann vor, wenn
die Metapher lexikalisiert ist. Der ehemals metaphorische Sinn
wurde dann zu einer sprachlichen Bedeutung verregelt.[23] Der
Prozess der Lexikalisierung ist gemeinhin einfach eine Folge
frequenten Gebrauchs: Wer öfter ein und dieselbe Metapher
hört, muss bei der Interpretation des gemeinten Sinns nicht
mehr den „Umweg" über den wörtlichen Sinn gehen. Er kürzt
– metaphorisch gesprochen – den Interpretationsprozess ab
und hält den ehedem metaphorischen Sinn für den wörtlichen.
In dem Maße, in dem dieser Prozess in einer Sprachgemeinschaft Verbreitung findet, entsteht eine neue Bedeutung. Dann
trifft das zu, was wir bereits zu Beginn des Kapitel 2.1 sagten:
Bleibt die alte Bedeutung neben der neuen erhalten, so entsteht
Polysemie.

Beim Prozess der Metaphorisierung sind also immer zwei
Bereiche involviert, wobei meist der eine eher konkret und der
andere eher abstrakt ist.[24] Wir nutzen das Anschauliche, um
über das Abstrakte per metaphorischer Übertragung zu kommunizieren. Wenn wir z. B. über geistige oder charakterliche
Eigenschaften eines Menschen reden wollen, so bleibt uns im
Prinzip nichts anderes übrig, als dies metaphorisch zu tun – es
sei denn, wir verfügen über bereits lexikalisierte Metaphern.
Ein bevorzugter Quellbereich, um über geistige Qualitäten unserer Mitmenschen zu reden, sind Bezeichnungen für körperliche Merkmale wie etwa Stärke und Größe sowie deren Gegen-
teile. So greifen wir beispielsweise auf Bezeichnungen für körperliche Defizite wie Blind-, Stumm- oder Taubheit zurück, um
über geistige bzw. charakterliche Defizite zu reden: *Dumm* bedeutete ehemals ‚stumm' und *doof* bedeutete ‚taub' (wie das im

---

23 s. Keller 1995: 183f.
24 Cf. Lakoff/Johnson 1980 sowie Keller 1995: 174ff.

heutigen Niederländischen noch der Fall ist: ndl. *doof(stom)*
‚taub(stumm)'. In beiden Fällen wird geistige Schwäche mit
Hilfe einer Bezeichnung für ein körperliches Defizit model-
liert. Dem gleichen Muster folgt die Bedeutungsentwicklung
von *blöde*. Dieses Adjektiv wurde nämlich ehemals im Sinne
von ‚schwach' verwendet:

(3) „Dieses erzähle ich alles darum", sagte er ferner, „damit du nicht für
unmöglich haltest, dass durch Medizin einem Menschen sein Gedächtnis trefflich gestärket und erhalten werden könne, gleichwie es
hingegen auch auf mancherlei Weis geschwächt und gar ausgetilgt
wird, maßen Plinius lib. 7 cap. 24 schreibet, dass am Menschen nichts
so *blöd* sei, als eben das Gedächtnis, und dass es durch Krankheit,
Schrecken, Furcht, Sorg und Bekümmernis entweder ganz ver-
schwinde oder doch einen großen Teil seiner Kraft verliere." *(Simplicissimus, Das zweite Buch, 8. Kapitel, 120)*

(4) Und welcher gibt es der Schwalbe zu verstehen, dass sie ihrer Jungen
blöde Augen mit dem Chelidonio arzneien solle? *(Simplicissimus, Das
zweite Buch, 12. Kapitel, 133)*

(5) Der Stallmeister antwortet': „Ich will verhoffen, mein hochgeehrter
Herr werde mir vergeben, dass ich demselben für diesmal meiner
Krankheit halber nicht willfahren kann, denn weil diese Arbeit viel
Rechnens braucht, wirds mein *blöder* Kopf jetzo nicht verrichten
können, wenn Er sich aber bis morgen zu gedulden beliebt, will ich
Ihm verhoffentlich genugsame Satisfaktion tun." *(Simplicissimus, Das
zweite Buch, 24. Kapitel, 172-173)*

(6) (...) gleichwie aber in dieser Welt kein Leben so süß und glückselig
ist, das nit bisweilen mit Gall des Leidens verbittert werde, also geschah uns auch; denn um wie viel sich täglich unser Küch und Keller
besserte, um so viel wurden unsere Kleidungen von Tag zu Tag je länger je *blöder*, bis sie uns endlich gar an den Leibern verfaulten. *(Simplicissimus, Continuatio, 22. Kapitel, 582)*

Wenn wir heute anstelle von *blöde Augen* den Ausdruck *schwa-
che Augen* verwenden (vgl. *Sehschwäche* versus *Sehstärke*), so
bedienen wir uns wieder desselben Analogiemodells wie unsere
Vorfahren. Die Möglichkeit, dafür das Wort *blöde* zu verwenden, ist uns heute verbaut, da der ehemals metaphorische Sinn
mittlerweile zu einer neuen Bedeutung geworden ist. Nur im

Falle von Schwachsinn können wir bezeichnenderweise das Wort *Blödsinn* gebrauchen. Mit anderen Worten: Das semantisch „entlaufene" *blöde* wird ersetzt durch etwas, das heutzutage das denotiert, was *blöde* früher einmal denotierte. Andere Adjektive für körperliche Defizite wie *blind, taub, stumm* und *scheel* (urspr. ‚schiefäugig') werden dagegen heute noch nicht oder lediglich ansatzweise dazu genutzt, geistige Schwäche zu bezeichnen: *blindes Huhn, taube Nuss, scheeler Typ*. Angesichts dieses Musters lässt sich jedoch die Prognose wagen, dass ihnen eine ähnliche Entwicklung bevorsteht.

Ebenfalls eine metaphorische Übertragung auf den Bereich des charakterlichen bzw. geistigen Defizits liegt einer neuen Bedeutungsvariante von *schlicht* zugrunde, das zur Goethezeit in Bezug auf Personen noch im alten Sinne von ‚einfach, natürlich, bescheiden' verwendet wurde:

(7)   In seinen Produktionen, insofern sie mir gegenwärtig sind, zeigt sich ein strenger Verstand, ein biederer Sinn, eine rege Einbildungskraft, eine glückliche Beobachtung der menschlichen Mannigfaltigkeit und eine charakteristische Nachbildung der generischen Unterschiede. Seine Mädchen und Knaben sind frei und lieblich, seine Jünglinge glühend, seine Männer *schlicht* und verständig, die Figuren, die er ungünstig darstellt, nicht zu sehr übertrieben; ihm fehlt es nicht an Heiterkeit und guter Laune, Witz und glücklichen Einfällen; Allegorien und Symbole stehen ihm zu Gebot; er weiß uns zu unterhalten und zu vergnügen, und der Genuss würde noch reiner sein, wenn er sich und uns den heitern bedeutenden Scherz nicht durch ein bitteres Misswollen hier und da verkümmerte. *(DuW.3 13:26-39)*

(8)   Hans Sachs, der wirklich meisterliche Dichter, lag uns am nächsten; ein wahres Talent, freilich nicht wie jene Ritter und Hofmänner, sondern ein *schlichter* Bürger, wie wir uns auch zu sein rühmten. *(DuW.4 122:14-17)*

Bezogen auf die geistigen Fähigkeiten von Personen wird *schlicht* heute dagegen in erster Linie im Sinne von ‚einfältig, dumm' verwendet:

(9)   *Karl gehört zu den schlichten Gemütern / Leuten.*

In diesem Fall ist der Quellbereich jedoch kein körperliches Defizit, sondern ein objektives Verhaltensmuster. Der Auslöser dürfte hier wiederum das Bestreben sein, eine als negativ bewertete Eigenschaft schonend auszudrücken, ein rhetorisches Mittel, das man „euphemistisch" nennt. Dieser Aspekt ist jedoch auf der Ebene der Motive bzw. der Handlungsstrategien der Sprecher anzusiedeln, auf die wir in Kapitel 4 ausführlicher eingehen werden. Bezogen auf Nicht-Menschliches hat sich *schlicht* nicht verändert, wie der Beleg (10) aus dem *Simplicissimus* im Vergleich mit den heutigen Beispielen (11) und (13) zeigt:

(10) Also pflegte ich Herzbrudern, wie meinem andern Ich, und ließ ihm ein *schlicht* Kleidlein von grauem Tuch machen, (...). *(Simplicissimus, Das vierte Buch, 26. Kapitel, 383)*

(11) *Karl ist immer schlicht gekleidet.*

(12) *Wir leben in schlichten Verhältnissen.*

Schlicht ist damit ein erstes Beispiel für einen Bedeutungswandel, mit dem eine Teilung der ursprünglichen Denotation in menschlich versus nicht-menschlich einhergeht. Wir werden im Zusammenhang mit dem Adjektiv *bequem* auf dieses Phänomen zurückkommen (siehe Kapitel 2.4).

Eine interessante metaphorische Übertragung liegt dem Bedeutungswandel von *gestrig* zugrunde. Noch zur Goethezeit wurde es allein dazu verwendet, Ereignisse oder Zeiträume auf der Zeitskala einem genau abgegrenzten Zeitraum, nämlich dem Tag vor dem Sprechzeitpunkt, zuzuordnen:

(13) Indessen mussten die Diener hin und wieder laufen, die *gestrigen* Gäst zum Frühestück einzuholen, unter welchen der Pfarrer auch war, welcher zeitlicher als andere erscheinen musste, weil mein Herr meinetwegen mit ihm reden wollte, ehe man zur Tafel säße. *(Simplicissimus, Das zweite Buch, 3. Kapitel, 103)*

(14) Das Vergnügen, sie wieder zu finden, feierte ich zuletzt mit einem Kusse auf ihre Hand, die sie in den meinigen ließ. Hatte sie bei dem *gestrigen* Mondscheingang die Unkosten des Gesprächs übernommen, so erstattete ich die Schuld nun reichlich von meiner Seite. Das Vergnü-

gen, sie wiederzusehen und ihr alles sagen zu können, was ich gestern zurückhielt, war so groß, dass ich in meiner Redseligkeit nicht bemerkte, wie sie selbst nachdenkend und schweigend war. *(DuW.2* 443:2-10)

Diese Funktion von *gestrig*, ein Ereignis relativ zum Sprechzeitpunkt zeitlich auf den Vortag zu platzieren, wird heute durch eine bewertende Bedeutungsvariante ergänzt, die auf einer metaphorischen Analogie zwischen Ereignissen und Menschen beruht. Wir können heute jemanden, der nicht auf der Höhe der Zeit, also unmodern, altmodisch und rückständig ist, als *gestrig* bezeichnen:

(15a) *Jemanden als gestrig abtun, in seinen Anschauungen gestrig sein.*

(15b) *Du mit deinen gestrigen Ansichten.*

Das Beispiel (15a) zeigt darüber hinaus, dass *gestrig*, das in seiner ursprünglichen Bedeutung nur attributiv gebraucht werden kann, in seiner metaphorischen Variante auch prädikativ gebraucht werden kann. Die neue Interpretation ermöglicht also eine neue Syntax. Dies ist nur konsequent: Während die alte Variante von *gestrig* lediglich dazu dient, einen Zeitraum oder ein Ereignis zeitlich vor den Tag der Äußerung zu platzieren, dient die aus dem metaphorischen Gebrauch entstandene Bedeutungsvariante dazu, eine Eigenschaft zu prädizieren. Dazu muss das Adjektiv auch prädikativ verwendbar sein. Während in dem Ausdruck *der gestrige Tag* das Attribut *gestrig* keine Eigenschaft des Tages ausdrückt, kann dies in dem Ausdruck *seine gestrigen Anschauungen* sehr wohl der Fall sein. Folglich muss es auch syntaktisch möglich sein, den Satz *Seine Anschauungen sind gestrig* zu bilden. Dass der semantische Wandel dem syntaktischen vorausgehen muss, lässt sich daran ersehen, dass ein solcher Syntaxfehler keine alternative Interpretation auslösen würde, sondern schlichtweg als falsch bzw. ungrammatikalisch gewertet würde.

Weitere Beispiele für metaphorischen Wandel sind die Bedeutungsveränderungen der Adjektive *dramatisch* und *theatra-*

lisch. Auch diese können zunächst ausschließlich in einem festen Bezugsrahmen bzw. Quellbereich (hier Drama, Theater, Schauspielkunst) verwendet werden. Betrachten wir zunächst *dramatisch*, das in den Beispielen (16) und (17) in seiner eigentlichen Bedeutung verwendet ist:

(16) Das arme Kind dauerte mich wirklich, wenn ich sie so ganz ohne Not von mir verletzt sah. Ich stellte mir ihre Lage, die meinige und dagegen den zufriedenen Zustand eines anderen Paares aus unserer Gesellschaft so oft und so umständlich vor, dass ich endlich nicht lassen konnte, diese Situation, zu einer quälenden und belehrenden Buße, dramatisch zu behandeln. Daraus entsprang die Älteste meiner überbliebenen *dramatischen* Arbeiten, das kleine Stück „Die Laune des Verliebten", an dessen unschuldigem Wesen man zugleich den Drang einer siedenden Leidenschaft gewahr wird. *(DuW.2 284:38-285:9)*

(17) Das Leben des biedern Götz von Berlichingen, von ihm selbst geschrieben, trieb mich in die historische Behandlungsart, und meine Einbildungskraft dehnte sich dergestalt aus, dass auch meine *dramatische* Form alle Theatergrenzen überschritt, und sich den lebendigen Ereignissen mehr und mehr zu nähern suchte. *(DuW.3 570:17-22)*

Diese Bedeutung wird heute durch eine metaphorische Variante ergänzt. Dabei werden Ereignisse, Handlungen und Situationen begriffen, als stünden sie im Spannungsbogen der Dramaturgie eines Dramas. Darüber hinaus dient die metaphorische Variante dazu, der emotionalen Betroffenheit des Sprechers, die das betreffende spannungsgeladene Ereignis in ihm auslöste, Ausdruck zu verleihen. Die neue aus der Metapher entstandene Bedeutung weist somit eine expressiv-evaluative Komponente auf, die der wörtlichen Bedeutung fehlt:

(18a) Die 50 Passagiere wurden in einer *dramatischen* Aktion mit Hubschraubern geborgen. *(Die Welt 23.1.65, 4, zitiert nach Duden 1993: 759)*

(18b) Dies ist der *dramatische* Verlauf der Wahlnacht, die dem Labour-Kabinett einen empfindlichen Stoß versetzte. *(Norddeutsche Neueste Nachrichten 12.2.86, 2, zitiert nach Duden 1993: 759)*

Bemerkenswert ist dabei auch, dass sich das Substantiv *Drama* als Metapher anders verhält als das Adjektiv *dramatisch*. Bei der

metaphorischen Verwendung des Substantivs wird nicht der
Aspekt der Spannung, sondern der negative Ausgang eines Ereignisses fokussiert. Ein Geiseldrama wäre kein Drama, wenn
es gut ausginge; gleichwohl könnte eine Geiselnahme mit
glücklichem Ende *dramatisch* genannt werden.

Auch *theatralisch* kann ursprünglich nur auf den Bereich des
Theaters bezogen werden. So meint Beispiel (19) eine Art der
Deklamation, die für das damalige Theater typisch ist, und in
(20) geht es nicht um ein besonders übertriebenes Verhalten
gewisser Liebhaber, sondern schlicht um die Rolle:

(19) Es dauerte nicht lange, so nahm ich den Racine, den ich in meines Vaters Bibliothek antraf, zur Hand, und deklamierte mir die Stücke nach
theatralischer Art und Weise, wie sie das Organ meines Ohrs und das
ihm so genau verwandte Sprachorgan gefasst hatte, mit großer Leb-
haftigkeit, ohne dass ich noch eine ganze Rede im Zusammenhang
hätte verstehen können. *(DuW.1 91:5-11)*

(20) Von Bedienten, Kammerdienern und Schildwachen, jungen und alten
Schauspielern, *theatralischen* Liebhabern, Bauern und Helden hatte
ich mir die Redensarten, sowie die Akzentuationen gemerkt, und dieses babylonische Idiom sollte sich durch ein wunderliches Ingrediens
noch mehr verwirren, indem ich den französischen reformierten Geistlichen gern zuhörte und ihre Kirchen um so lieber besuchte, als ein
sonntägiger Spaziergang nach Bockenheim dadurch nicht allein erlaubt, sondern geboten war. *(DuW.3 479:33-480:3)*

Auch in diesem Fall findet eine metaphorische Übertragung
auf Bereiche außerhalb der Theaterwelt statt, etwa wenn man
das Verhalten einer Person als übertrieben und gekünstelt beschreiben möchte. Auch in diesem Fall hat die metaphorische
Bedeutungsvariante also einen zusätzlichen Aspekt, nämlich
einen negativ-wertenden. Dass Goethe *theatralisch* in (21) nicht
negativ-wertend gebraucht, ist ein Indiz dafür, dass hier noch
die frühere Bedeutung vorliegt:

(21) Der Zweikampf erfolgte auf eine etwas *theatralische* Weise, die Klingen klirrten, und die Stöße gingen nebenaus; doch im Feuer der Aktion blieb er mit der Spitze seines Degens an der Bandschleife meines Bügels hangen. Sie ward durchbohrt, und er versicherte mir, dass
er nun die vollkommenste Satisfaktion habe, umarmte mich sodann,

gleichfalls recht *theatralisch*, und wir gingen in das nächste Kaffee-
haus, um uns mit einem Glase Mandelmilch von unserer Gemütsbe-
wegung zu erholen und den alten Freundschaftsbund nur desto fester
zu schließen. *(DuW.1 95:30-39)*

Ähnlich wie *theatralisch* und *dramatisch* ergeht es *prosaisch*. Ursprünglich prädiziert es nur das, was der Literaturgattung Prosa
im Gegensatz zur Poesie angehört:

(22) In einem ruhigern, aber auch ihrer Natur angemessenen Zustande befand sich eine zweite Tante, welche mit dem bei der St.-Katharinen-
Kirche angestellten Pfarrer Starck verheiratet war. Er lebte seiner Ge-
sinnung und seinem Stande gemäß sehr einsam, und besaß eine schöne
Bibliothek. Hier lernte ich zuerst den Homer kennen, und zwar in
einer *prosaischen* Übersetzung, wie sie im siebenten Teil der durch
Herrn von Loen besorgten „Neuen Sammlung der merkwürdigsten
Reisegeschichten", unter dem Titel „Homers Beschreibung der Erobe-
rung des Trojanischen Reichs", zu finden ist, mit Kupfern im französischen Theatersinne geziert. *(DuW.1 42:21-31)*

(23) Hiezu kamen noch die Jeremiaden, mit denen uns Gellert in seinem
Praktikum von der Poesie abzumahnen pflegte. Er wünschte nur *prosaische* Aufsätze und beurteilte auch diese immer zuerst. Die Verse
behandelte er nur als eine traurige Zugabe, und, was das Schlimmste
war, selbst meine Prose fand wenig Gnade vor seinen Augen: Denn
ich pflegte, nach meiner alten Weise, immer einen kleinen Roman
zum Grunde zu legen, den ich in Briefen auszuführen liebte. *(DuW.2
256:7-14)*

(24) Die Rhythmik lag damals noch in der Wiege, und niemand wusste ein
Mittel, ihre Kindheit zu verkürzen. Die poetische Prosa nahm über-
hand. Geßner und Klopstock erregten manche Nachahmer; andere
wieder forderten doch ein Silbenmaß und übersetzten diese Prose in
fassliche Rhythmen. Aber auch diese machten es niemand zu Dank:
Denn sie mussten auslassen und zusetzen, und das *prosaische* Original
galt immer für das Bessere. *(DuW.2 270:17-24)*

Aus diesem festen Bezugsrahmen wird *prosaisch* dann auf
andere Bereiche übertragen – etwa auf den Menschen selbst
(25a) oder auf Kulturerzeugnisse (25b), (25c). In solchen Kontexten wird es dann im Sinne von ‚sachlich, trocken' interpretiert:

(25a) *Karl ist ein prosaischer Mensch.*

(25b) *Die neue Siedlung besteht aus lauter prosaischen Zweckbauten.*

(25c) „Hannibal" *ist ein äußerst prosaischer Film.*

Der folgende Beleg (26) kann möglicherweise bereits als Beispiel für die metaphorische Sinnvariante interpretiert werden:

(26) Völlig *prosaisch*, einfach und ohne Spur von Phantastischem oder Wundersamem waren auch die Übrigen der uns bekannt gewordenen Träume. *(DuW.1 41:3-5)*

Ein Beispiel für eine metaphorische Sinnvariante, die nicht zu Polysemie führte, sondern an Stelle der ursprünglichen Bedeutung getreten ist, stellt das Adjektiv *kindisch* dar. Letztere liegt in den folgenden Beispielen vor:

(27) Ich aber hatte Taubenaugen, und auch einen andern Sinn als er, ja ich vertraute ihm alle meine Heimlichkeiten, die zwar aus nichts anderm als aus *kindischer* Einfalt und Frommkeit bestunden, dahero er mir auch nirgends zukommen konnte. *(Simplicissimus, Das erste Buch, 28. Kapitel, 83)*

(28) Von dem Putz- und Schaugarten des Reichen zu den Obstgärten des für seinen Nutzen besorgten Bürgers, von da zu Fabriken, Bleichplätzen und ähnlichen Anstalten, ja bis zum Gottesacker selbst – denn eine kleine Welt lag innerhalb des Bezirks der Stadt – ging man an dem mannigfaltigsten, wunderlichsten, mit jedem Schritt sich verändernden Schauspiel vorbei, an dem unsere *kindische* Neugier sich nicht genug ergetzen konnte. *(DuW.1 19:7-15)*

(29) Hatte man in einer solchen patriotischen Beschränkung kaum ein halbes Jahr hingebracht, so traten schon die Messen wieder ein, welche in den sämtlichen Kinderköpfen jederzeit eine unglaubliche Gärung hervorbrachten. Eine durch Erbauung so vieler Buden innerhalb der Stadt in weniger Zeit entspringende neue Stadt, das Wogen und Treiben, das Abladen und Auspacken der Waren erregte von den ersten Momenten des Bewusstseins an eine unbezwinglich tätige Neugierde und ein unbegrenztes Verlangen nach *kindischem* Besitz, das der Knabe mit wachsenden Jahren, bald auf diese bald auf jene Weise, wie es die Kräfte seines kleinen Beutels erlauben wollten, zu befriedigen suchte. *(DuW.1 22:23-34)*

(30) Meine Großmutter musste eine sehr schöne Frau gewesen sein, und von gleichem Alter mit ihrem Manne. Auch erinnerte ich mich, in ihrem Zimmer das Miniaturbild eines schönen Herrn, in Uniform mit Stern und Orden, gesehen zu haben, welches nach ihrem Tode mit vielen andern kleinen Gerätschaften, während des alles umwälzenden Hausbaues, verschwunden war. Solche wie manche andre Dinge baute ich mir in meinem *kindischen* Kopfe zusammen, und übte frühzeitig genug jenes moderne Dichtertalent, welches durch eine abenteuerliche Verknüpfung der bedeutenden Zustände des menschlichen Lebens sich die Teilnahme der ganzen kultivierten Welt zu verschaffen weiß. *(DuW.1 70:24-36)*

In all diesen Textpassagen bezieht sich *kindisch* offenbar ausschließlich auf die Altersstufe des Kindes; es handelt sich um die Einfalt und Neugierde eines Kindes, den Besitz eines Kindes und den Kopf eines Kindes. Von einer metaphorischen Sinnvariante können wir immer dann sprechen, wenn mit *kindisch* auf einen Erwachsenen Bezug genommen wird. Der Aspekt, unter dem ein Erwachsener dabei wahrgenommen wird, ist der der kindlichen Unreife:

(31) Nach meiner Ankunft wurde ich gewahr, dass es sich mit Herzbrudern mehr gebösert als gebessert hatte, wiewohl ihn die Doctores und Apotheker strenger als eine fette Gans gerupft; überdas kam er mir auch ganz *kindisch* vor und konnte kümmerlich mehr recht gehen, ich ermuntert ihn zwar so gut ich konnte, aber es war schlecht bestellt, er selbst merkte an Abnehmung seiner Kräfte wohl, dass er nit lang mehr würde dauern können, sein größter Trost war, dass ich bei ihm sein sollte, wenn er die Augen würde zutun. *(Simplicissimus, Das fünfte Buch, 6. Kapitel, 407)*

(32) Indessen war denn doch dieser Pfeil mit seinen Widerhaken aus dem Herzen gerissen, und es fragte sich, wie man der inneren jugendlichen Heilkraft zu Hülfe käme? Ich ermannte mich wirklich, und das erste, was sogleich abgetan wurde, war das Weinen und Rasen, welches ich nun für höchst *kindisch* ansah. Ein großer Schritt zur Besserung! Denn ich hatte, oft halbe Nächte durch, mich mit dem größten Ungestüm diesen Schmerzen überlassen, so dass es durch Tränen und Schluchzen zuletzt dahin kam, dass ich kaum mehr schlingen konnte und der Genuss von Speise und Trank mir schmerzlich ward, auch die so nah verwandte Brust zu leiden schien. *(DuW.2 220:4-15)*

Die metaphorische Sinnvariante drückt immer eine negative Wertung aus und kann niemals neutral verwendet werden. Um daraus resultierende Missverständnisse zu vermeiden, verwenden wir heute an Stelle des früheren *kindisch* das wertungsneutrale Wort *kindlich*.

Einen besonders interessanten Fall von einem metaphorischen Bedeutungswandel stellt *tückisch* dar: Noch bis zur Goethezeit konnte es nur zur negativen Charakterisierung von belebten Referenten, vor allem Menschen (oder vermenschlichten Göttern) verwendet werden:

(33) (...) ein Teil schien so lieblich und anmutig wie eine Venus, das ander sah so saur wie Saturnus, das dritte so grimmig wie Mars, das vierte so *tückisch* und duckmäusig wie Mercurius, ein Teil war stark wie Hercules oder so gerad und schnell wie Hippomenes, das ander lahm und hinkend wie Vulcanus; also dass man so unterschiedlicher seltsamer Arten und Aufzüg halber vermeinen hätte mögen, es wäre das wütig Heer gewesen, davon uns die Alten so viel wunderliche Dings erzählt haben; (...). *(Simplicissimus, Continuatio, 3. Kapitel, 492)*

(34) Noch eine allgemeine Bemerkung steht hier an der rechten Stelle, dass nämlich bei dem Emporwachsen der Kinder aus den gesitteten Ständen ein sehr großer Widerspruch zum Vorschein kommt, ich meine den, dass sie von Eltern und Lehrern angemahnt und angeleitet werden, sich mäßig, verständig, ja vernünftig zu betragen, niemanden aus Mutwillen oder Übermut ein Leids zuzufügen und alle gehässigen Regungen, die sich an ihnen entwickeln möchten, zu unterdrücken; dass nun aber im Gegenteil, während die jungen Geschöpfe mit einer solchen Übung beschäftigt sind, sie von andern das zu leiden haben, was an ihnen gescholten wird und höchlich verpönt ist. Dadurch kommen die armen Wesen zwischen dem Naturzustande und dem der Zivilisation gar erbärmlich in die Klemme, und werden, je nachdem die Charakter sind, entweder *tückisch*, oder gewaltsam aufbrausend, wenn sie eine Zeit lang an sich gehalten haben. *(DuW.1 68:10-26)*

(35) Ein anderer Misswollender, der *tückischste* von allen, nahm jenen ersten bei Seite und flüsterte ihm etwas in die Ohren, wobei sie mich immer spöttisch ansahen. Schon fing die Galle mir an zu kochen, und ich foderte sie auf, laut zu reden. *(DuW.1 69:22-26)*

Heute dagegen können wir *tückisch* auch auf unbelebte Referenten beziehen, und zwar zur Charakterisierung undurchschaubarer Kräfte, die man selbst nicht kontrollieren kann (vgl. dazu auch *bösartig* in *eine bösartige Krankheit*):

(36a) *BSE ist eine tückische Krankheit.*

(36b) *Dieser tückische Aufsetzer war unhaltbar.*

(36c) *Am Amazonas herrscht ein tückisches Klima.*

Hier hat eine Personifikation, d. h. eine Übertragung von Belebtem auf Unbelebtes stattgefunden, wobei der Bedeutungsaspekt der Intentionalität verschwunden ist. Das folgende Beispiel steht dabei für einen Übergang:

(37) Wann ein Ding sein soll, so schickt sich alles dazu, ich vermeinte, das Glück hätte mich zur Ehe genommen oder wenigst sich so eng zu mir verbunden, dass mir die allerwiderwärtigsten Begegnisse zum Besten gedeihen müssten, da ich über des Kommandanten Tafel saß und vernahm, dass mein Knecht mit meinen zwei schönen Pferden von Soest zu mir kommen wäre; ich wusste aber nicht (wie ichs hernach im Auskehren befand), dass das *tückische* Glück der Sirenen Art an sich hat, die denjenigen am übelsten wollen, denen sie sich am geneigtesten erzeigen, und einen der Ursach halber desto höher hebt, damit es ihn hernach desto tiefer stürze. *(Simplicissimus, Das dritte Buch, 16. Kapitel, 267)*

Das DWb umschreibt die mehrstufige Entwicklung von *tückisch* wie folgt:

ein festes anwendungsgebiet sind personifiziert gebrauchte begriffe wie *glück, zufall, schicksal* u. s. w. (...), die als hinterhältig empfunden werden, da ihr wechselndes verhalten sich der menschlichen berechnung entzieht. (...) bei dingbezeichnungen erweitert sich in neuerer sprache diese zunächst in poetischer übertragung personifizierend gebrauchte bedeutung ,arglistig und hinterhältig schadend' zu ,plötzlich oder überraschend gefahr bringend, trügerisch, gefährlich', ohne dasz die personifikation noch gefühlt wird, vgl. mundartlich: *ticksch* ,vom wetter gesagt, wenn es recht unangenehm naszkalt ist' (...).[25]

Auch die meisten adjektivischen Grundfarbwörter haben bildhafte Varianten. So basiert beispielsweise die Bedeutungsvariante

---

25 DWb 22: 1538.

‚unreif' von *grün* auf der Beobachtung, dass die grüne Farbe
von Früchten ein Indikator dafür ist, dass sie noch nicht reif
sind. Dabei handelt es sich um den Prozess der Metonymisierung, den wir in Kapitel 2.3 näher betrachten. Überträgt man
den Prozess der Reifung von Früchten auf die charakterliche
Entwicklung von Menschen, so wird die Metonymie metapho-
risiert. Aus der Metapher einer Metonymie entsteht sodann die
Bedeutungsvariante ‚charakterlich unentwickelt':

(38) *Dafür bist du mir noch zu grün.*

Die Skala *schwarz*, *grau* und *weiß* kann metaphorisch auf den
Bereich der Legalität im Geschäftsleben übertragen werden.
Schwarz wird dann im Sinne von ‚illegal' verwendet, wobei es
zumeist Bestandteil eines Kompositums (39a, 39b) oder einer
festen idiomatischen Floskel (39c) ist:

(39a) *Die Preise auf dem Schwarzmarkt sind kaum zu bezahlen.*

(39b) *In den letzten Jahren ist die Schwarzarbeit drastisch angestiegen.*

(39c) *Die schwarzen Kassen der CDU und der SPD waren monatelang in
den Schlagzeilen.*

Hinter diesem metaphorischen Gebrauch steht wohl eine Volks-
theorie, die sich am ehesten mit der Floskel *im Dunkeln lässt
sich gut munkeln* umschreiben lässt. Der entscheidende Aspekt
ist wohl das Nicht-gesehen-werden-Können in der Dunkelheit.
Der Ordnung der Skala entsprechend, wird *grau* dann zur
Kennzeichnung von Bereichen verwendet, die juristisch nicht
klar abgegrenzt sind (*Grauzone*). *Weiß*, das sich eigentlich auf
den entgegengesetzten Bereich der Skala bezieht, kann dementsprechend im Sinne von ‚legal' verwendet werden, zumindest in
festen Kollokationen wie *eine weiße Weste haben* oder *seine
Weste weiß waschen*. Bei den Adjektiven *schwarz*, *grau* und *weiß*
wurde offenbar in einem Prozess analogen Bedeutungswandels
eine komplette Skala metaphorisch genutzt. Unabhängig von
dieser internen Ordnung der Farbskala sind jedoch die folgenden beiden metaphorischen Bedeutungsvarianten von *schwarz*
und *grau*:

(40) *Das ist der schwärzeste Tag in meinem Leben.*

(41) *Im Urlaub wollen wir dem grauen Alltag entfliehen.*

Die nichtwörtliche, metaphorische Interpretation von *schwarz* in (40) ist dadurch möglich, dass wir mit Dunkelheit häufig Unheil und Pech assoziieren. Die metaphorische Interpretation von *grau* in (41) beruht auf der assoziativen Verbindung dieser Farbe mit Langeweile und Eintönigkeit. Diese Bedeutungsvariante geht mindestens zurück bis in die Goethezeit, wie die berühmte Stelle „Grau, teurer Freund, ist alle Theorie" in Faust I belegt.

Ein besonderer Fall von metaphorischem Wandel liegt vor bei den expressiv-evaluativen Adjektiven, die bisweilen auch inhärent intensivierte Adjektive genannt werden, weil sie sich auf einen extrem hohen Bereich der positiven Bewertungsskala beziehen. Dies lässt sich veranschaulichen an der Steigerungsskala (i):

(i)   *gut – besser – toll, irre, wahnsinnig, geil, wunderbar, phantastisch, fabelhaft etc.*

Während sich *gut* und *schlecht* auf die Sach- oder Qualitätsebene beziehen, beziehen sich die expressiv-evaluativen Adjektive darüber hinaus auf die Ebene der Gefühle und Emotionen, die wesentlich differenzierter ist. Die expressiv-evaluativen Adjektive dienen nicht dazu, über Emotionen zu reden, sondern Emotionen auszudrücken. Mit anderen Worten: Neben einer deskriptiven Bedeutungskomponente (der Gradabstufung auf der Qualitätsebene) weisen sie eine expressive Bedeutungskomponente auf, die zur Gradabstufung auf der emphatischen Ebene dient. Das unterscheidet sie von den Standard-Wertadjektiven *gut, schlecht, schön* und *hässlich*. Dass der expressive Aspekt konventionell mit dem Adjektiv verbunden ist, lässt sich daran sehen, dass die ausgedrückte Einstellung nicht explizit negierbar ist. Während (42a) durchaus sinnvoll gesagt werden kann, ist (42b) emotional widersprüchlich:

(42a) *Das war ein gutes Spiel, aber mir hat es nicht gefallen.*

(42b) *Das war ein super Spiel, *aber mir hat es nicht gefallen.*

Und noch ein Unterschied besteht zu den Wertadjektiven *gut*
und *schlecht*: Verwendet man Letztere, um einen Sachverhalt zu
charakterisieren, den man nicht als gut bzw. schlecht bewertet,
so lügt man. Verwendet man hingegen ein positives expressiv-
evaluatives Adjektiv in einer Situation, in der man nicht begeistert ist, so lügt man nicht nur, sondern man heuchelt auch. Der
Sprecher lügt, wenn er eine Überzeugung vorgibt, die er nicht
hat, mit der Absicht zu täuschen. Er heuchelt, wenn er eine
Emotion vorgibt, die er nicht hat, mit der Absicht zu täuschen.
   Dimensionsadjektive, die auch als expressiv-evaluative Adjektive verwendet werden können, sind z. B. *stark, heiß* und
scharf:

(43) *Die Band bot eine heiße Show.*

(44) *Der Film war echt stark.*

(45) *Karl fährt ein scharfes Auto.*

Heiß bezeichnet den höchsten Bereich der Temperaturskala
(etwa: *eisig > kalt > lau > warm > heiß*); *scharf* den hohen Bereich der Schneide-Eigenschaft und damit – metonymisch übertragen – der Verletzungsgefahr (Gegenpol ist dann *stumpf*) und
stark den positiven Bereich der Dimension der Kraft. Diese hohen, positiven Skalenwerte werden über das metaphorische
Verfahren auf den hohen Bereich einer offenen positiven Bewertungsskala übertragen.
   Eine andere Quelle für expressiv-evaluative Adjektive sind
Wörter, die eigentlich etwas Irreales denotieren, wie *fabelhaft*,
phantastisch und *wunderbar*. So bezieht *fabelhaft* sich noch zur
Goethezeit nur auf etwas, das erdichtet ist bzw. einer Fabel
entspricht:

(46) Hier gedenken wir nur Günthers, der ein Poet im vollen Sinne des
     Worts genannt werden darf. Ein entschiedenes Talent, begabt mit
     Sinnlichkeit, Einbildungskraft, Gedächtnis, Gabe des Fassens und
     Vergegenwärtigens, fruchtbar im höchsten Grade, rhythmisch be-
     quem, geistreich, witzig und dabei vielfach unterrichtet; genug, er be-
     saß alles, was dazu gehört, im Leben ein zweites Leben durch Poesie
     hervorzubringen, und zwar in dem gemeinen wirklichen Leben. Wir

bewundern seine große Leichtigkeit, in Gelegenheitsgedichten alle Zustände durchs Gefühl zu erhöhen und mit passenden Gesinnungen, Bildern, historischen und *fabelhaften* Überlieferungen zu schmücken. *(DuW.2 264:28-265:1)*

(47) So wusste er auch manche kleine Zufälligkeiten dahin zu lenken, dass sie bedeutend erschienen und in *fabelhaften* Formen durchgeführt werden konnten. *(DuW.3 532:26-29)*

Dieser Gebrauch von *fabelhaft* in seiner wörtlichen Bedeutung ist heute nicht mehr möglich. *Fabelhaft* ist damit ein weiteres Beispiel für die Tendenz, dass der Gebrauch eines Wortes in seiner wörtlichen Bedeutung in dem Maße verschwindet, in dem sich die neue metaphorische Bedeutung etabliert. Dass beide Varianten nebeneinander fortbestehen, dass also Polysemie entsteht, ist nur möglich, wenn die Gebrauchsregeln deutliche Kriterien enthalten, welche der beiden Varianten von Fall zu Fall gemeint ist. Im Falle von *schlicht* war dies das Kriterium ,menschlich' / ,nicht menschlich': *schlichtes Gemüt* = metaphorische Bedeutung, *schlichtes Kleid* = wörtliche Bedeutung. Und im Falle von *gestrig* war es das Kriterium ,Ideologie, Geisteshaltung' / ,Ereignis, Zeitraum': *gestrige Ansichten* = metaphorische Bedeutung, *gestriger Tag, gestriges Fußballspiel* = wörtliche Bedeutung. Wo diese Klarheit nicht vorhanden ist, hat die wörtliche Bedeutung stets das Nachsehen (siehe dazu ausführlich Kapitel 4).

Auch *wunderbar* wird heute vor allem expressiv-evaluativ verwendet. Belege für die frühere Bedeutung ,wie ein Wunder erscheinend, unbegreiflich' finden sich im *Simplicissimus*:

(48) Dieser Letztern Aussag machte, dass ich denen zuerst beinahe völligen Glauben zustellte, und bewog meinen Vorwitz, dass ich mich entschloss, den *wunderbaren* See zu beschauen; (...). *(Simplicissimus, Das fünfte Buch, 11. Kapitel, 424)*

(49) Darauf antwortet' er: „Wir sind keine Geister, sondern sterbliche Leutlein, die zwar mit vernünftigen Seelen begabt, welche aber samt den Leibern dahinsterben und vergehen; Gott ist zwar so *wunderbar* in seinen Werken, dass sie keine Kreatur auszusprechen vermag, doch will ich dir, so viel unsere Art anbelangt, simpliciter erzählen, dass du

daraus fassen kannst, wieweit wir von den andern Kreaturen Gottes
zu unterscheiden seien: (...)" *(Simplicissimus, Das fünfte Buch, 13. Kapitel, 433)*

(50) Das Leben des heiligen Alexii kam mir im ersten Griff unter die Augen, als ich das Buch aufschlug; da fand ich, mit was für einer Verach-
tung der Ruhe er das reiche Haus seines Vaters verlassen, die heiligen
Örter hin und wieder mit großer Andacht besucht und endlich beides
sein Pilgerschaft und Leben unter einer Stiegen in höchster Armut,
ohnvergleichlicher Geduld und *wunderbarer* Beständigkeit seliglich
beschlossen hätte. *(Simplicissimus, Continuatio, 10. Kapitel, 523-524)*

Phantastisch charakterisiert eigentlich alles, was außerhalb der
Wirklichkeit oder in Widerspruch zu ihr steht:

(51) Doch wurde dieser Mangel damals bei mir nicht so heftig und stark,
dass man ihn mit Seneca ein göttliches Rasen, oder wie er in Thomae
Thomai Welt-Gärtlein beschrieben wird, eine beschwerliche Krankheit hätte nennen können; denn wo meine Lieb hinfiel, da erhielt ich
leichtlich und ohne sonderbare Mühe, was ich begehrte, also dass ich
keine Ursach zu klagen bekam wie andere Buhler und Leimstängler,
die voller *phantastischer* Gedanken, Mühe, Begierden, heimlich Leiden, Zorn, Eifer, Rachgier, Rasen, Weinen, Protzen, Drohen und dergleichen tausendfältigen Torheiten stecken und sich vor Ungeduld
den Tod wünschen. *(Simplicissimus, Das dritte Buch, 18. Kapitel, 274)*

Dieser Gebrauch lässt sich auch noch zur Goethezeit nach-
weisen:

(52) War der Mensch göttlichen Ursprungs, so war es ja auch die Sprache
selbst, und war der Mensch, in dem Umkreis der Natur betrachtet,
ein natürliches Wesen, so war die Sprache gleichfalls natürlich. Diese
beiden Dinge konnte ich wie Seel' und Leib niemals auseinander bringen. Süßmilch, bei einem kruden Realismus doch etwas *phantastisch*
gesinnt, hatte sich für den göttlichen Ursprung entschieden, das heißt,
dass Gott den Schulmeister bei den ersten Menschen gespielt habe.
(DuW.2 406:22-30)

(53) Völlig prosaisch, einfach und ohne Spur von *Phantastischem* oder
Wundersamem waren auch die Übrigen der uns bekannt gewordenen
Träume. *(DuW.1 41:3-5)*

Heute ist die eigentliche Verwendungsweise nur noch in spezifischen, vor allem literaturwissenschaftlichen Kontexten möglich:

(54) *Seine Romane und Kurzgeschichten gehören zur phantastischen Literatur.*

Aus einem anderen Quellbereich stammen Adjektive wie *toll, verrückt, wahnsinnig, irre,* die vormals anomale, krankhafte Geisteszustände denotieren, mittlerweile aber alle in erster Linie expressiv-evaluativ gebraucht werden. Die Bedeutungsveränderung von *toll* verlief dabei in mehreren Stufen.[26] Zunächst wurde *toll* im Sinne von ‚lärmend‘ gebraucht (vgl. *herumtollen*). Sich lärmend zu verhalten wurde offensichtlich als Symptom von Wahnsinn angesehen. Dies führte dazu, dass das Wort schließlich nicht mehr nur deskriptiv auf das vom Normalzustand abweichende Verhalten bezogen werden konnte, sondern zur Kennzeichnung eines anomalen Geisteszustandes selbst diente. Damit etablierte sich die neue Interpretation im Sinne von ‚verrückt‘. *Toll* wurde also zunächst metonymisch verwendet, da von dem lärmenden Verhalten auf den anomalen Geisteszustand einer Person geschlossen wurde. Es ist dies ein typisch metonymischer Schluss – je nach Interpretation – von der Wirkung (dem Lärmen) auf die Ursache (den Wahnsinn), oder vom Teil (dem lärmenden Verhalten) aufs Ganze (den Wahnsinn).

(55) Nichts Artlichers war, als dass ich nicht wusste, woher ihnen der Dürmel kam, sintemal mir die Wirkung des Weins oder die Trunkenheit selbst noch allerdings unbekannt gewesen, welches denn lustige Grillen und Phantasten-Gedanken in meinem werklichen Nachsinnen setzte, ich sah wohl ihre seltsamen Minas, ich wusste aber den Ursprung ihres Zustands nicht. Bis dahin hatte jeder mit gutem Appetit das Geschirr geleert, als aber die Mägen gefüllt waren, hielt es härter als bei einem Fuhrmann, der mit geruhtem Gespann auf der Ebne wohl fortkommt, am Berg aber nicht hotten kann. Nachdem aber die Köpf auch *toll* wurden, ersetzte ihre Unmöglichkeit entweder des einen Courage, die er im Wein eingesoffen; oder beim andern die Treuherzigkeit, seinem Freund eins zu bringen; oder beim Dritten die teutsche Redlichkeit, ritterlich Bescheid zu tun: (...) (*Simplicissimus, Das erste Buch, 30. Kapitel, 86-87*)

---

26 Cf. Keller/Kirschbaum 2000: 49f.

(56) (...) andere geigeten auf Rossköpfen wie auf dem besten Diskant, und
aber andere schlugen die Harfe auf einem Kuhgerippe, wie solche auf
dem Wasen liegen; so war auch einer vorhanden, der hatte eine Hündin
unterm Arm, der leiert' er am Schwanz und fingert' ihr an den Düt-
ten, darunter trompeteten die Teufel durch die Nase, dass es im ganzen Wald erschallete, und wie dieser Tanz bald aus war, fing die ganze
höllische Gesellschaft an zu rasen, zu rufen, zu rauschen, zu brausen,
zu heulen, zu wüten und zu toben, als ob sie alle *toll* und töricht gewesen wären. Da kann jeder gedenken, in was Schrecken und Furcht
ich gesteckt. *(Simplicissimus, Das zweite Buch, 17. Kapitel, 150)*

(57) Behüt dich Gott Welt, denn mich verdrießt deine Konversation; das
Leben so du uns gibst, ist ein elende Pilgerfahrt, ein unbeständiges,
ungwisses, hartes, raues, hinflüchtiges und unreines Leben, voll Arm-
seligkeit und Irrtum, welches vielmehr ein Tod als ein Leben zu nennen; in welchem wir all Augenblick sterben durch viel Gebrechen der
Unbeständigkeit und durch mancherlei Weg des Tods! Du lässt dich
der Bitterkeit nicht genügen, mit der du umgeben und durchsalzen
bist, sondern betrügst noch dazu die meisten mit deinem Schmeicheln,
Anreizung und falschen Verheißungen, du gibst aus dem güldenen
Kelch, den du in deiner Hand hast, Bitterkeit und Falschheit zu trinken, und machst sie blind, taub, *toll*, voll und sinnlos, ach wie wohl
denen, die dein Gemeinschaft ausschlagen: (...) *(Simplicissimus, Das
fünfte Buch, 24. Kapitel, 480)*

(58) Also entrann ich aus meinem Umstand, da man mich mehr gehetzt,
als ich beschreibe; kam aber aus dem Fegfeur in die Höll, denn das
Wirtshaus stak voller trunkner und *toller* Leute, die mir mehr Dampfs
antaten, als ich noch nie auf meiner Pilgerschaft erfahren; jeder wollte wissen, wer ich wäre; (...). *(Simplicissimus, Continuatio, 15. Kapitel, 549)*

Folgende Textstellen belegen diesen früheren Gebrauch auch
bei Goethe:

(59) Da ich nun solchen Irrtum und Wahnsinn offenbar vor mir sah, fiel
es mir eines Tages aufs Herz, ob ich mich vielleicht selbst in dem Falle befände, ob nicht jene Gedichte wirklich besser seien als die meinigen, und ob ich nicht mit Recht jenen Knaben ebenso *toll* als sie mir
vorkommen möchte? *(DuW.1 34:26-31)*

(60) So leichtsinnig übrigens der Freund war, so schien ihm doch die Gelegenheit, den Meister zu spielen, allzu erwünscht. Er las das Stück

mit Aufmerksamkeit durch, und indem er sich mit mir hinsetzte, um einige Kleinigkeiten zu ändern, kehrte er im Laufe der Unterhaltung das ganze Stück um und um, so dass auch kein Stein auf dem andern blieb. Er strich aus, setzte zu, nahm eine Person weg, substituierte eine andere, genug, er verfuhr mit der tollsten Willkür von der Welt, dass mir die Haare zu Berge standen. *(DuW.1 108:6-14)*

(61) Einen großen Einfluss erfuhr ich dabei von einem wichtigen Buche, das mir in die Hände geriet, es war Arnolds „Kirchen- und Ketzergeschichte". Dieser Mann ist nicht ein bloß reflektierender Historiker, sondern zugleich fromm und fühlend. Seine Gesinnungen stimmten sehr zu den meinigen, und was mich an seinem Werk besonders ergetzte, war, dass ich von manchen Ketzern, die man mir bisher als *toll* oder gottlos vorgestellt hatte, einen vorteilhaftern Begriff erhielt. *(DuW.2 350:22-30)*

Die Verwendung von *toll* in *Tollwut, Tollhaus* oder *herumtollen* sind Relikte der früheren Bedeutung. Heute wird *toll* allein zum Ausdruck einer extrem positiven Bewertung mit emphatischer Begeisterung verwendet:

(62) *Tolle* Autos sind eine Geldfrage. *(Der Spiegel 20, 1966, 125, zitiert nach Duden 1993: 3403)*

Das Schema der semantischen Entwicklung von *toll* sieht dann folgendermaßen aus: ‚lärmend' > ‚verrückt' (Metonymie) > ‚sehr gut' (Metapher); die ursprüngliche Verwendungsweise im Sinne von ‚lärmend' ist völlig verschwunden, und die im Sinne von ‚geisteskrank' ist nur noch in Relikten zu finden.

Irre wird ursprünglich im Sinne von ‚auf einem falschen Weg befindlich' verwendet, was heute noch in Wendungen wie *in die Irre gehen/führen* und in Komposita wie *irregehen, irreführen* oder *Irrfahrt* gegenwärtig ist (vgl. auch *irrig, sich irren, sich verirren*). Ein erster metaphorischer Gebrauch im Sinne von ‚verwirrt, geistig vom rechten Weg abgekommen' führt bei *irre* im 17. Jahrhundert zu der heute gebräuchlichen Verwendungsweise ‚geistig gestört'.[27] Dabei wird das Denken als eine Form der zielgerichteten Bewegung gesehen. Das DWb weist

---

27 Cf. Pfeifer 1989: 753.

ferner darauf hin, dass *irre* wohl ursprünglich als Euphemismus
für *wahnsinnig* verwendet wurde.[28] Die metaphorische Verwendung beider Wörter als expressiv-evaluative Adjektive veranschaulicht schließlich (63):

(63)*Das war ein irres / wahnsinniges Spiel.*

Die Parallelität besteht in allen drei Fällen darin, dass das Verhalten begeisterter Menschen unter der Perspektive des Wahnsinns gesehen wird: Sie schreien und toben, d. h., sie zeigen die
Symptome von Wahnsinnigen. Wir haben es hier mit einer
komplexen Kombination von metaphorischen und metonymischen Prozessen zu tun: Das Verhalten des Wahnsinnigen wird
metaphorisch übertragen auf das Verhalten des Begeisterten
(der „völlig aus dem Häuschen" ist). Wenn wir jedoch von einem Fußballspiel sagen, es sei *irre*, so meinen wir ja nicht, dass
das Spiel begeistert ist. Eine *irre* Frau ist keine begeisterte Frau
– sie ist vielmehr begeisternd! Das heißt, es findet noch ein
metonymischer Prozess statt, der zur Folge hat, dass die Bezeichnung der Wirkung (der Begeisterung) zur Bezeichnung
der Ursache dieser Wirkung wird: Ein *irres* Spiel ist ein Spiel,
das bewirkt, dass ich als Zuschauer Verhaltensweisen eines Irren zeige, die Metaphern sind für die Verhaltensweisen der Begeisterung. Das Tertium Comparationis der Begeisterung und
des Wahnsinns ist der Aspekt des Kontrollverlustes.
    Der Kontrollverlust mag auch eine wichtige Rolle bei der
metaphorischen Verwendung von *geil* gespielt haben. Im *Simplicissimus* kommt es nur in seiner früheren Verwendung im
Sinne von ‚sexuell erregt' vor:

(64) In Summa, es war Gebeins genug vorhanden zu einem ganzen Maul
    voll Zähn, es war aber gar übel ausgeteilt, ihr Angesicht sah wie spa-
    nisch Leder, und ihre weißen Haar hingen ihr seltsam zerstrobelt um
    den Kopf herum, weil man sie erst aus dem Bett geholt hatte; ihre
    langen Brüst weiß ich nichts anderm zu vergleichen als zweien lum-
    merichten Kuhblasen, denen zwei Drittel vom Blast entgangen, unten

---

28 Cf. DWb 10: 2161f.

hing an jeder ein schwarzbrauner Zapf halb Fingers lang; wahrhaftig ein erschrecklicher Anblick, der zu nichts anderm als für eine treffliche Arznei wider die unsinnige Liebe der *geilen* Böck hätte dienen mögen, (...). *(Simplicissimus, Das zweite Buch, 6. Kapitel, 112)*

(65) (...) denn als sie schrien: „Halt, halt!" lief ich nur desto stärker und kam ehender als sie zu obgemeldten Offiziererinnen, vor denselben fiel ich auf die Knie nieder und bat um aller Weiber Ehr und Tugend willen, sie wollten meine Jungferschaft vor diesen *geilen* Buben beschützen! *(Simplicissimus, Das zweite Buch, 25. Kapitel, 175)*

(66) Es nimmt hinweg Furchtsamkeit, macht den Menschen fröhlich und glückselig wie der Rubin; es ist dem Schlaf oft hinderlich wie die Granaten, hingegen hat es auch eine große Kraft, die Ruhe und den Schlaf zu befördern wie der Hyacinth; es stärket das Herz und machet den Menschen freudig, sittsam, frisch und mild, wie der Saphir und Amethyst; es vertreibet böse Träum, machet fröhlich, schärfet den Verstand, und so man mit jemand zankt, macht es, dass man siegt wie der Sardus, vornehmlich wenn man alsdann den Richter brav damit schmiert; es löscht aus die *geilen* und unkeuschen Begierden, sonderlich weil man schöne Weiber ums Geld kriegen kann. *(Simplicissimus, Das dritte Buch, 13. Kapitel, 255)*

Auch hier spielt der Prozess der metonymischen Übertragung von der Wirkung auf die Ursache eine Rolle: Ein geiler Film ist kein erregter, sondern ein erregender. Allerdings weist *geil* die Besonderheit auf, dass es bereits vor seinem metaphorischen Wandel zum expressiv-evaluativen Adjektiv in verursachendem Sinne und im Sinne der Wirkung verwendet wurde: *Geil* in seiner heutigen sexuellen Verwendung – die möglicherweise im Verschwinden begriffen ist – kann wahlweise ‚sexuell erregt' oder ‚sexuell erregend' bedeuten. Metaphorisch übertragen wird lediglich die Bedeutung ‚sexuell erregend'. Ein *geiles* Auto ist eines, das im metaphorischen Sinne sexuell erregend ist.

Ein eigener metaphorischer Typus liegt schließlich vor, wenn das Partizip eines Verbs als Adjektiv erhalten bleibt, und zwar in einer metaphorischen Bedeutungsvariante, wohingegen das ursprüngliche Verb heute nicht mehr gebräuchlich ist. Dies ist z. B. bei *befangen* der Fall. Das zugrunde liegende starke Verb wurde im Sinne von ‚umfangen, erfassen' verwendet:

(67a) (...) wie sie über die Bühne geht, vom Leben *befangen*, umstellt von den ärmlichen Kulissen ihres Verstecks. *(Schnabel, Ernst: Anne Frank. Spur eines Kindes, zitiert nach Duden 1993: 431)*

(67b) Ein elender Ausdruck ihren Blick *befing. (Mann, Thomas: Königliche Hoheit, zitiert nach Duden 1993: 431)*

Heute wird *befangen* nur noch als Adjektiv verwendet und zwar im Sinne von ‚gehemmt, schüchtern' sowie in Bezug auf die eingeschränkte Urteilskraft einer Person:

(68a) Ohne jedes eigene Zutun, in seinem Auftreten vielmehr scheu und *befangen*, ist Vergil zum frühen Inbegriff des Dichterfürsten geworden. *(Fest, Joachim: Im Gegenlicht, zitiert nach Duden 1993: 431)*

(68b) *Der Richter wurde abgelehnt, weil er befangen war.*

Mit anderen Worten: Wird ein Partizip häufig genug metaphorisch verwendet, besteht eine hohe Wahrscheinlichkeit, dass es zum Adjektiv wird.

2.3 Metonymischer Wandel

Eine weitere wichtige Methode, um neue Sinnvarianten zu erzeugen, ist das metonymische Verfahren. Während das metaphorische Verfahren darin besteht, etwas im Lichte von etwas anderem zu sehen, das einem völlig anderen Bereich angehört, bewegt sich die metonymische Interpretation innerhalb eines – möglicherweise durchaus komplexen – Bereichs. Metaphorisch gesprochen kann man die Metapher eine Sinnübertragung nennen, die Metonymie eine Sinnverschiebung. Wer jemanden ein Rindvieh nennt, fordert ihn auf, sich selbst im Lichte der Rindviehhaftigkeit zu sehen. Wer ihn hingegen einen Dummkopf nennt, bezeichnet einen signifikanten Teil und meint den ganzen Kerl. Der Interpret springt nicht von einer Dimension in eine andere, sondern sucht die Interpretation in kollateralen Bereichen. Betrachten wir dazu folgende Beispiele:

(1a) *Goethe ist schwer zu verstehen.*

(1b) *Iss deinen Teller auf!*

(1c) *Das Weiße Haus zeigte sich erstaunt.*

(1d) *Dummkopf!*

Wie in Abschnitt 2.1 bereits erläutert, interpretieren wir (1a) zumeist in dem Sinne, dass hier mit dem Eigennamen *Goethe* nicht auf die Person, sondern auf dessen literarische Werke Bezug genommen wird; der Sprecher nennt den Autor und meint dessen Werk. Dazu muss er voraussetzen, dass sein Adressat etwas Relevantes über Goethe und dessen Werk weiß. Innerhalb dieses Kontextes findet dann eine Sinnverschiebung vom Autor auf das von ihm geschaffene Werk statt. (1b) interpretieren wir gemeinhin ebenfalls nicht wörtlich, da man Teller nicht essen kann. Immer wenn der Adressat bei einer wörtlichen Interpretation dem Sprecher Irrationalität unterstellen müsste, verwirft er diese und sucht nach einer geeigneteren. In diesem Falle liegt es nahe anzunehmen, dass mit *Teller* das gemeint ist, was sich auf ihm an Essbarem befindet. Und schließlich ist in (1c) nicht das Gebäude gemeint, sondern die Regierung, die in ihm ihren Sitz hat. Wiederum basiert die metonymische Interpretation darauf, dass gemeinsames Wissen besteht über den Komplex ‚amerikanische Regierung‘, so dass innerhalb dieses Bezugsrahmens eine Komponente genannt werden kann, um eine andere oder auch das Ganze damit zu meinen. Letzteres ist in (1d) der Fall.

Wie bereits diese wenigen Beispiele deutlich machen, sind die metonymischen Muster äußerst vielfältig: Schlüsse von der Person auf ihr Werk, von einem Gefäß auf dessen Inhalt, von einem Ort auf die dort befindlichen Menschen, von einem Teil auf das Ganze und viele andere mehr werden im Zuge des metonymischen Verfahrens aktiviert. Ein Spezialfall, der bei der metonymischen Sinnverschiebung von Adjektiven eine besondere Rolle spielt, ist die Wenn-dann-Beziehung. Sie kann mit Hilfe von Konditionalsätzen veranschaulicht werden. Betrachten wir dazu einen nicht wörtlichen Gebrauch von *dunkel* in (2):

(2) *Der Laden ist dunkel.*

Nehmen wir an, damit sei nicht gemeint, dass der Laden einen dunklen Anstrich hat, sondern dass folgende Interpretation intendiert ist:

(3) *‚Der Laden ist geschlossen‘.*

Dunkel wird in diesem Fall also im Sinne von ‚geschlossen‘ gebraucht und verstanden. Die fehlende Beleuchtung des Ladens wird als Symptom für sein Geschlossensein interpretiert. Deshalb ist es möglich zu schließen, dass der Sprecher mit dem Prädikat *ist dunkel* gemeint hat: ‚ist geschlossen‘. Dieses Beispiel macht deutlich, weshalb Metonymien bisweilen Meta-Symptome genannt werden. Ein weiteres Beispiel ist der bereits erwähnte metonymische Gebrauch des Farbadjektivs *grün*, das dazu verwendet werden kann, einen niedrigen Grad auf der Reifeskala auszudrücken:

(4) *Bananen werden grün geerntet.*

In beiden Fällen wird dem Interpreten ein Wenn-dann-Schluss abverlangt:

(5) *Wenn der Laden dunkel ist, dann ist er geschlossen.*

(6) *Wenn eine Frucht grün ist, dann ist sie noch nicht reif.*

Diese Schlüsse sind natürlich nicht wirklich zwingend gültig. Es sind praktische Schlüsse, die auf Alltagserfahrungen beruhen. In der Sprache zählt nicht Logik, sondern Nützlichkeit. An diesen beiden Beispielen lässt sich der Prozess des metonymischen Wandels erläutern: Wenn der Schluss ‚wenn x, dann y‘ mit einer gewissen Frequenz aktiviert wird, dann ist zu erwarten, dass die Sprecher (in ihrer Rolle als Interpreten) mit der Zeit dazu übergehen, den Interpretationsprozess gleichsam „kurzzuschließen“: Sie nehmen an, x bedeutet ‚y‘. Und genau dies lässt sich auf vielfältige Weise beobachten. Betrachten wir als erstes Beispiel die semantische Entwicklung des Adjektivs *überflüssig*:

Es ist auffällig, dass die Bedeutung von *überflüssig* nicht der des Substantivs *Überfluss* entspricht. Die Bedeutung des Ausdrucks *im Überfluss* ist noch sehr nahe an der Bedeutung, die *überflüssig* zu Goethes Zeiten hatte, nämlich die Bedeutung ‚reichlich'. Wenn wir zu Hause Brot *im Überfluss* haben, heißt das nicht, dass das Brot, das wir haben, *überflüssig* ist. Aber es heißt natürlich, dass wir einen Teil des Brotes nicht brauchen werden. In seiner früheren Bedeutung umfasst *überflüssig* sowohl das, was man braucht, als auch das, was darüber hinausgeht:

(7) „Herzliebster Vater, willst du mich denn allein in diesem wilden Wald verlassen? Soll denn ..." mehrs vermochte ich nicht herauszubringen, denn meines Herzens Qual ward aus *überflüssiger* Lieb, die ich zu meinem getreuen Vater trug, also heftig, dass ich gleichsam wie tot zu seinen Füßen niedersank. *(Simplicissimus, Das erste Buch, 12. Kapitel, 35)*

(8) (...) in seiner Geburtstund will ich ihm verleihen einen wohlgestalten und stärkern Leib als Herkules einen hatte, mit Fürsichtigkeit, Weisheit und Verstand *überflüssig* geziert, hierzu soll ihm Venus geben ein schön Angesicht, also dass er auch Narcissum, Adonidem und meinen Ganymedem selbst übertreffen solle, (...). *(Simplicissimus, Das dritte Buch, 4. Kapitel, 220)*

Auf diese Weise wird *überflüssig* noch bis zu Goethes Zeiten verwendet:

(9) Monate lang beglückten uns reine ätherische Morgen, wo der Himmel sich in seiner ganzen Pracht wies, indem er die Erde mit *überflüssigem* Tau getränkt hatte; und damit dieses Schauspiel nicht zu einfach werde, türmten sich oft Wolken über die entfernten Berge, bald in dieser, bald in jener Gegend. *(DuW.3 466:3-8)*

(10) Jene Briefe und Gedichte, worin Gleim und Georg Jacobi sich öffentlich aneinander erfreuten, hatten uns zu mancherlei Scherzen Gelegenheit gegeben, und wir bedachten nicht, dass ebenso viel Selbstgefälligkeit dazu gehöre, andern, die sich behaglich fühlen, wehe zu tun, als sich selbst oder seinen Freunden *überflüssiges* Gute zu erzeigen. *(DuW.3 30:32-38)*

Natürlich liegt es nahe, dass ein Wort, das ‚reichlich' bedeutet, in einigen Kontexten im Sinne von ‚mehr als notwendig' verwendet wird. Hier wird unser Wenn-dann-Schluss aktiv: Wenn wir etwas im Überfluss haben, dann lässt sich daraus schließen, dass ein Teil der Menge (höchstwahrscheinlich) nicht gebraucht wird. Auch diese Variante schließt jedoch den brauchbaren Teil mit ein, wie die folgenden Belege zeigen:

(11) „Ach!" antwort der ander, „ich danke meinem Gott, dass er mir nicht mehr *überflüssig* Geld beschert hat, als ich vermag; denn hätte mein Doktor noch mehr hinter mir gewusst, so hätte er mir noch lang nicht in Sauerbrunnen geraten, sondern ich hätte zuvor mit ihm und seinen Apothekern, die ihn deswegen alle Jahr schmieren, teilen müssen, und hätte ich darüber sterben und verderben sollen; (...)." *(Simplicissimus, Das fünfte Buch, 11. Kapitel, 426)*

(12) Weil nun dieses nicht allein bei Handels- und Messgeschäften stattfand, sondern auch wenn hohe Personen in Kriegs- und Friedenszeiten, vorzüglich aber zu Wahltagen sich heranbegaben, und es auch öfters zu Tätlichkeiten kam, sobald irgendein Gefolge, das man in der Stadt nicht dulden wollte, sich mit seinem Herrn hereinzudrängen begehrte: so waren zeither darüber manche Verhandlungen gepflogen, es waren viele Rezesse deshalb, obgleich stets mit beider-seitigen Vorbehalten, geschlossen worden, und man gab die Hoffnung nicht auf, den seit Jahrhunderten dauernden Zwist endlich einmal beizulegen, als die ganze Anstalt, weshalb er so lange und oft sehr heftig geführt worden war, beinah für unnütz, wenigstens für *überflüssig* angesehen werden konnte. *(DuW.1 23:22-34)*

Unser heutiger Gebrauch des Adjektivs *überflüssig* impliziert hingegen nicht mehr, dass es auch einen brauchbaren Anteil gibt. Der Teil-Ganzes-Aspekt ist weggefallen: Das Überflüssige ist nicht mehr der unbenötigte Überschuss von etwas, das man eigentlich benötigt, es ist ganz einfach das Unnötige:

(13) *Diese Bemerkung war völlig überflüssig.*

Schematisch lässt sich die semantische Entwicklung wie folgt darstellen:

(14) *‚reichlich'* > *‚mehr als nötig'* > *‚unnötig'*

Ein weiteres Beispiel für diese Art von Bedeutungswandel bildet das Adjektiv *vorläufig*, das bereits zu Goethes Zeiten polysem war. Zum einen wurde es temporal verwendet, um zu sagen, dass etwas einem anderen Ereignis zeitlich vorausgeht (15), zum anderen, um etwas als nicht endgültig bzw. nur bis auf Weiteres geltend (16) zu charakterisieren:

(15) Meine Schwester gesellte sich gleich zu mir, und wie *vorläufig* aus ihren Briefen, so konnte ich nunmehr umständlicher und genauer die Verhältnisse und die Lage der Familie vernehmen. *(DuW.2 337:14-17)*

(16) Mösers Tochter, Frau von Voigts, war beschäftigt, diese zerstreuten Blätter zu sammeln. Wir konnten die Herausgabe kaum erwarten, und ich setzte mich mit ihr in Verbindung, um mit aufrichtiger Teilnahme zu versichern, dass die für einen bestimmten Kreis berechneten wirksamen Aufsätze, sowohl der Materie als der Form nach, überall zum Nutzen und Frommen dienen würden. Sie und ihr Vater nahmen diese Äußerung eines nicht ganz unbekannten Fremdlings gar wohl auf, indem eine Besorgnis, die sie gehegt, durch diese Erklärung *vorläufig* gehoben worden. *(DuW.3 596:14-23)*

Wiederum können wir den metonymischen Zusammenhang zwischen diesen beiden Varianten mit Hilfe unseres Wenn-dann-Schlusses beschreiben: Wenn x zeitlich vor y liegt, dann ist x ein provisorisches Stadium in einem kontinuierlichen Prozess y, der einen positiven Endzustand anstrebt. Sinngemäß sagt dies auch das DWb, wenn es feststellt, die Bedeutung von *vorläufig* sei

„(...) verschärft und eingeschränkt in dem sinne, dasz das vohergehende durch nachfolgendes erst entscheidend sich gestaltet, ausgeführt, ergänzt, berichtigt, unter umständen ins gegentheil oder etwas ganz anderes verkehrt wird; meist bezogen auf unpersönliches, besonders auch nicht gegenständliches; der eingeschränkte sinn wird besonders durch ein zugesetztes *nur* deutlich (...)."[29]

Heute wird *vorläufig* ausschließlich im Sinne von ‚provisorisch' verwendet, wobei diese qualitative Bedeutung allerdings noch einen temporalen Aspekt aufweist:

(17) *Die Polizei nahm einige Personen vorläufig fest.*

---

29 DWb 26: 1267.

Der Wenn-dann-Schluss wurde auch auf den sozialen Status von Menschen und deren für typisch gehaltene Verhaltensweisen angewandt: Wenn jemand einen bestimmten Status aufweist, dann können ihm auch bestimmte Eigenschaften zugeschrieben werden.[30] Nach diesem Muster vollzog sich der Wandel von *gemein* ‚gewöhnlich' > ‚hinterhältig, boshaft'. Die frühere Bedeutung liegt in den folgenden Belegen vor:

(18) Obschon im Krieg der Adel, wie billig, dem *gemeinen* Mann vorgezogen wird, so kommen doch viel aus verächtlichem Stand zu hohen Ehren. *(Simplicissimus, Das erste Buch, 17. Kapitel, 49)*

(19) So stünde es auch nach dem *gemeinen* Sprichwort nicht fein, wenn man den Bauren über den Edelmann setzte; auch würden die Bauren viel zu hoffärtig, wenn man sie also strack zu Herren machte, denn man sagt: Es ist kein Schwert, das schärfer schiert, als wenn ein Baur zum Herren wird. *(Simplicissimus, Das erste Buch, 17. Kapitel, 50)*

(20) Sag mir, du alter Krachwadel, ob nicht edel geborne Offizier von der Soldateska besser respektieret werden, als diejenigen, so zuvor *gemeine* Knecht gewesen? *(Simplicissimus, Das erste Buch, 17. Kapitel, 49)*

(21) Und demnach dergleichen Gesellen bei den *gemeinen* Soldaten viel zu dünn gesäet zu sein pflegen, dass sie solche mit sich auf Partei schleppen sollten, also machte ich mir die Gedanken, der Kerl müsse dies Geld auf eben derselbigen Partei erst heimlich erschnappt und geschwind zu sich in Ranzen geschoben haben, damit er solches mit den andern nicht partiern dürfe. *(Simplicissimus, Das zweite Buch, 16. Kapitel, 147)*

(22) (...) diejenigen, auf welche er viel hielt, gewann ich mit allerhand Ehrerbietungen, seine getreuen Diener brachte ich durch Geschenk auf meine Seiten, und mit denen, so etwas mehr als meinesgleichen warn, soff ich Brüderschaft und schwur ihnen ohnverbrüchliche Treue und

---

30 Zu diesem Typus zählen auch metonymische Verschiebungen „von Volks-, Stammes-, und Berufsbezeichnungen auf Menschen, die eine Eigenschaft besitzen, welche typisch für die ursprünglich mit dem Wort bezeichnete Gruppe ist bzw. die man ihr prototypisch unterstellt." (Blank 1997: 255). So bedeutet im Französischen *allemand* neben ‚deutsch' auch ‚betrunken' und im Italienischen bedeutet *tedesco* auch ‚starrköpfig'. Mit anderen Worten: Wenn deutsch – dann betrunken und/oder starrköpfig.

Freundschaft; die *gemeinen* Bürger und Soldaten waren mir deswegen hold, weil ich jedem freundlich zusprach. *(Simplicissimus, Das dritte Buch, 19. Kapitel, 276)*

(23) Derselbige fand in meinem Kabinett noch etliche Bücher, denn ich in der Eil nicht alles wegbringen konnte, und unter andern einige mathematischen und geometrischen Abriss, auch etwas vom Fortifikationwesen, womit vornehmlich die Ingenieur umgehen, schloss derhalben gleich, dass sein Quartier keinem *gemeinen* Bauren zuständig sein müsste; (...). *(Simplicissimus, Das fünfte Buch, 20. Kapitel, 461)*

(24) Mit denselben begehre ich nun nicht zu fechten, denn weil Aufschneiden keine Kunst, sondern jetziger Zeit fast das *gemeineste* Handwerk ist, also kann ich nicht leugnen, dass ichs nicht auch könnte, denn ich müsste ja sonst wohl ein schlechter Tropf sein. *(Simplicissimus, Das zweite Buch, 18. Kapitel, 151)*

Es fällt auf, dass sich *gemein* in den meisten Belegen auf eine bestimmte Ebene der sozialen Hierarchie bezieht (Knecht, Bauer, Bürger) und im Sinne von ‚nicht-adlig‘ interpretiert werden kann. Dies erklärt auch das häufige Vorkommen des Ausdrucks *gemeiner Soldat*, denn Offiziere waren zur damaligen Zeit in der Regel Adlige. Auch noch zur Goethezeit wird *gemein* vor allem in diesem differenzierenden Sinne verwendet. Das Gewöhnliche steht sowohl im Gegensatz zum Vornehmen, Adligen (25) als auch im Gegensatz zum Künstlerischen (26) und zum Sakralen (27):

(25) Es wird sich mehr davon sagen lassen, wenn ich zur Epoche jener wunderlichen Dichtungsart gelange, durch welche man die alt- und neutestamentlichen Mythen dem Anschauen und Gefühl näher zu bringen glaubte, wenn man sie völlig ins Moderne travestierte, und ihnen aus dem gegenwärtigen Leben, es sei nun *gemeiner* oder vornehmer, ein Gewand umhinge. *(DuW.1 185:34-186:1)*

(26) Durch meine Leichtigkeit, zu reimen und *gemeinen* Gegenständen eine poetische Seite abzugewinnen, hatte er sich gleichfalls zu solchen Arbeiten verführen lassen. Unsere kleinen geselligen Reisen, Lustpartien und die dabei vorkommenden Zufälligkeiten stutzten wir poetisch auf, und so entstand durch die Schilderung einer Begebenheit immer eine neue Begebenheit. *(DuW.2 237:21-27)*

(27) So, durch mehrere sakramentliche Handlungen, welche sich wieder,
bei genauerer Ansicht, in sakramentliche kleinere Züge verzweigen,
vorbereitet und rein beruhigt, kniet er hin, die Hostie zu empfangen; und dass ja das Geheimnis dieses hohen Akts noch gesteigert
werde, sieht er den Kelch nur in der Ferne, es ist kein *gemeines* Essen
und Trinken, was befriedigt, es ist eine Himmelsspeise, die nach
himmlischem Tranke durstig macht. *(DuW.2 290:23-31)*

Gemein wurde also früher vor allem zur sozialen Differenzierung, d. h. zur Abgrenzung des Adels von den übrigen sozialen Ständen benutzt. Aus dieser sozialen Differenzierung ist
schließlich eine negative Wertung geworden, die daher kommt,
dass Menschen der unteren Schichten bestimmte negative Eigenschaften zugeordnet wurden.[31] Dem liegt das stereotype
Urteil zugrunde, dass Nicht-Adlige weniger feine Umgangs-
formen haben als Adlige. Interessant ist in diesem Zusammenhang die folgende Textpassage:

(28) Die jungen Leute, mit denen ich auf diese Weise immer in nähere
Verbindung kam, waren nicht eigentlich *gemeine*, aber doch gewöhnliche Menschen. Ihre Tätigkeit war lobenswürdig, und ich hörte ihnen mit Vergnügen zu, wenn sie von den vielfachen Mitteln und Wegen sprachen, wie man sich etwas erwerben könne; auch erzählten sie
am liebsten von gegenwärtig sehr reichen Leuten, die mit nichts an-
gefangen. *(DuW.1 173:6-13)*

Hier sind *gemeine* Menschen bereits tiefer angesiedelt als gewöhnliche. Dabei ist allerdings zu beachten, dass der benach-
barte Gebrauch von zwei synonymen Ausdrücken bewirkt,
dass ihnen eine semantisch differenzierte Qualität zugeschrieben wird, die sie allein nicht hätten (vgl. den Werbeslogan:
nicht nur sauber, sondern rein). In einigen wissenschaftlichen
Kontexten lässt sich *gemein* noch in seiner alten Bedeutung
verwenden: *die Gemeine Sumpfdotterblume*.

Die entscheidende Frage ist nun, wie die dramatische Pejorisierung von *gemein* zustande gekommen ist. Der erste Schritt

---

31 Zur Bedeutungsgeschichte von *gemein* siehe auch Schlechter 1955. Eine
analoge Entwicklung haben engl. *mean* und ndl. *gemeen* genommen, siehe Pfeifer 1989: 533.

ist noch plausibel: Es dürfte wieder einmal der schonende, euphemistische Gebrauch gewesen sein, der die Pejorisierung vorbereitete: Man sagt beispielsweise, jemand sehe *gemein*, also normal aus, um den direkten Ausdruck des Gemeinten, dass er ungepflegt und vulgär aussieht, zu vermeiden. So äußert sich Henriette Schlosser, die Tochter von Goethes Schwager, über das Äußere von Christiane Vulpius wie folgt:

> Mit der Teilung sind wir nun ganz fertig ... Sie, die Goethe, haben wir auch alle herzlich gerne, und sie fühlt dies mit Dank und Freude, erwidert es auch und war ganz offen und mit dem vollsten Vertrauen gegen alle gesinnt. Ihr äußeres Wesen hat etwas *Gemeines*, ihr inneres aber nicht. Sie betrug sich liberal und schön bei der Teilung, bei der sie sich doch gewiss verraten hätte, wenn Unreines in ihr wäre.[32]

Dabei spielt dann eine wichtige Rolle, welcher Schicht der Sprecher selbst angehört. Frau von Stein schreibt in einem Brief über die Mutter des kleinen August Goethe:

> Sein kleiner August kommt jetzt oft als Spielkamerad vom kleinen Schiller zu mir. Er scheint ein gutes Kind ... Ich kann manchmal in ihm die vornehme Natur des Vaters und die *gemeinere* der Mutter unterscheiden. Einmal gab ich ihm ein neu Stück Geld; er drückte es an seinen Mund vor Freude und küsste es, welches ich sonst am Vater auch gesehen habe. Ich gab ihm noch ein zweites Stück, und da ruft er aus: „Alle Wetter!"[33]

Wenn ein Ausdruck jedoch häufig euphemistisch verwendet wird, verliert er mit der Zeit seinen verhüllenden Charakter und macht eine De-Euphemisierung durch. (Dies ist das unerbittliche Schicksal aller „politisch korrekten" Bezeichnungen.) Dieser Prozess könnte eine Erklärung abgeben, wenn *gemein* die Bedeutung ‚vulgär', ‚proletarisch' oder auch ‚ungepflegt' angenommen hätte. Warum jedoch gerade Boshaftigkeit und Arglist die stereotypen Verhaltensweisen der Menschen unterer Gesellschaftsschichten gewesen sind, die offenbar zu der heutigen Bedeutung von *gemein* geführt haben, ist uns völlig rätselhaft.

---

32 Zitiert nach Damm (1998, 358).
33 Ebd. 208.

Schließlich nimmt die Entwicklung des Adjektivs *gewöhnlich*, wenn es auf Menschen bezogen ist (29a), eher den zu erwartenden Verlauf in Richtung der Bedeutungsvariante ‚unkultiviert, ordinär'; bezogen auf nicht-menschliche Referenten (29b, 29c) hat *gewöhnlich* noch die alte Bedeutung ‚üblich':

(29a) *Er ist ein ziemlich gewöhnlicher Mensch.*

(29b) *Das ist ein ganz gewöhliches Verfahren.*

(29c) *Das war eine ganz gewöhnliche Stubenfliege.*

Möglicherweise etabliert sich hier wie im Falle von *schlicht* eine Polysemie entlang des Kriteriums menschlich vs. nicht menschlich. Die analoge Pejorisierung finden wir bei den Adjektiven *ordinär* (< frz. *ordinaire* ‚gewöhnlich, ordentlich') und *vulgär* (< lat. *vulgaris* ‚alltäglich, gewöhnlich, allgemein'), die allerdings nur sehr eingeschränkt in Bezug auf nicht menschliche Referenten verwendet werden können. Mögliche Kandidaten für einen ähnlichen Bedeutungswandel in der Zukunft wären die Adjektive *normal* und *einfach*. Bei Letzterem ist diese Tendenz bereits deutlich spürbar:

(30) *Er ist ein ziemlich einfacher Mensch.*

Auch das Adjektiv *merkwürdig* hat einen metonymischen Bedeutungswandel vollzogen. Früher wurde es im Sinne von ‚beachtenswert, würdig, bemerkt zu werden' verwendet:

(31) Es begegnete mir auf demselbigen Marsch nichts *Merkwürdiges* mehr; da ich aber wieder nach Soest kam, hatten mir die lippstädtischen Hessen meinen Knecht, den ich bei meiner Bagage im Quartier gelassen, samt einem Pferd auf der Weid hinweggefangen, von demselben erkundigte der Gegenteil mein Tun und Lassen, dahero hielten sie mehr von mir als zuvor, weil sie hiebevor durch das gemeine Geschrei beredt worden, zu glauben, dass ich zaubern könnte. *(Simplicissimus, Das dritte Buch, 11. Kapitel, 246)*

(32) Wenn wir nun so einmal unsern Umgang hielten, verfehlten wir auch nicht, uns nach dem Dom zu begeben und daselbst das Grab jenes braven, von Freund und Feinden geschätzten Günther zu besuchen. Der *merkwürdige* Stein, der es ehmals bedeckte, ist in dem Chor auf-

gerichtet. Die gleich daneben befindliche Türe, welche ins Konklave führt, blieb uns lange verschlossen, bis wir endlich durch die obern Behörden auch den Eintritt in diesen so bedeutenden Ort zu erlangen wussten. Allein wir hätten besser getan, ihn durch unsre Einbildungskraft, wie bisher, auszumalen: Denn wir fanden diesen in der deutschen Geschichte so *merkwürdigen* Raum, wo die mächtigsten Fürsten sich zu einer Handlung von solcher Wichtigkeit zu versammlen pflegten, keinesweges würdig ausgeziert, sondern noch obenein mit Balken, Stangen, Gerüsten und anderem solchen Gesperr, das man beiseite setzen wollte, verunstaltet. *(DuW.1 21:10-25)*

(33) Der Rückweg wurde nicht benutzt wie der Herweg. So eilten wir durch Zweibrücken, das, als eine schöne und *merkwürdige* Residenz, wohl auch unsere Aufmerksamkeit verdient hätte. Wir warfen einen Blick auf das große, einfache Schloss, auf die weitläufigen, regelmäßig mit Lindenstämmen bepflanzten, zum Dressieren der Parforcepferde wohl eingerichteten Esplanaden, auf die großen Ställe, auf die Bürgerhäuser, welche der Fürst baute, um sie ausspielen zu lassen. *(DuW.2 423:39-424:8)*

(34) Bejahrt also und vornehm war an sich selbst und durch Voltairen die französische Literatur. Lasset uns diesem *merkwürdigen* Manne noch einige Betrachtung widmen! *(DuW.3 486:4-6)*

Die heutige Bedeutungvariante ‚seltsam, sonderbar‘ etabliert sich erst im 19. Jahrhundert.[34] Ausgangspunkt des metonymischen Prozesses ist das Wissen, dass gerade das Abweichende (positiv wie negativ) sich anbietet, bemerkt zu werden. Auffällig ist, dass wir heute über zwei nahezu synonyme Ausdrücke verfügen, die sich lediglich in der Einstellung der Sprechers zum ausgedrückten Sachverhalt unterscheiden: *Bemerkenswert* ist die positive, *merkwürdig* die negative Kennzeichnung des Beachtenswerten.

Eine metonymische Verschiebung der besonderen Art lässt sich bei dem Adjektiv *gemütlich* feststellen. Sie erinnert an einen Prozess, den wir bereits bei den Adjektiven *irre* und *geil* kennen gelernt haben. Bis ins 19. Jahrhundert hinein bedeutet *gemütlich* ‚das Gemüt betreffend, der Neigung entsprechend‘:

---

34 Cf. Pfeifer 1989: 1094.

(35) Die Kirchengeschichte war mir fast noch bekannter als die Welt-
geschichte, und mich hatte von jeher der Konflikt, in welchem sich
die Kirche, der öffentlich anerkannte Gottesdienst, nach zwei Seiten
hin befindet und immer befinden wird, höchlich interessiert. Denn
einmal liegt sie in ewigem Streit mit dem Staat, über den sie sich erhe-
ben, und sodann mit den Einzelnen, die sie alle zu sich versammeln
will. Der Staat von seiner Seite will ihr die Oberherrschaft nicht zuge-
stehn, und die Einzelnen widersetzen sich ihrem Zwangsrechte. Der
Staat will alles zu öffentlichen, allgemeinen Zwecken, der Einzelne zu
häuslichen, herzlichen, *gemütlichen*. *(DuW.3 472:25-36)*

(36) Zwischen Herder und uns waltete dagegen ein *gemütlich* literarischer
Verkehr höchst lebhaft fort, nur schade, dass er sich niemals ruhig
und rein erhalten konnte. Aber Herder unterließ sein Necken und
Schelten nicht; Mercken brauchte man nicht viel zu reizen, der mich
denn auch zur Ungeduld aufzuregen wusste. *(DuW.3 516:5-10)*

(37) „Der Minister", „Clementine" und die übrigen Geblerischen Stücke,
„Der deutsche Hausvater" von Gemmingen, alle brachten den Wert
des mittleren, ja des unteren Standes zu einer *gemütlichen* Anschau-
ung, und entzückten das große Publikum. *(DuW.3 568:12-16)*

(38) Mein Vater, von Karl dem Siebenten zum kaiserlichen Rat ernannt,
und an dem Schicksale dieses unglücklichen Monarchen *gemütlich*
teilnehmend, neigte sich mit der kleinern Familienhälfte gegen Preu-
ßen. *(DuW.1 46:19-22)*

In (35) ist die Rede von bestimmten Zwecken, die dem Gemüt
entsprechen; in (36) entspricht der Briefverkehr mit Herder
Goethes Neigungen; in (37) berührt die Aufführung das Gemüt des Publikums und in (38) nimmt der Vater Goethes seeli-
schen Anteil an dem Leben von Karl dem Siebenten. Die heutige
Bedeutungsvariante im Sinne von ‚angenehm, behaglich' beruht
dagegen auf einer Verschiebung der Wirkung auf die Ursache:
Was mein Gemüt anspricht, ist gerade das Angenehme, Behag-
liche. Hier wird von der Wirkung auf die Ursache geschlossen.
Die Textpassage (39) ist daher aus heutiger Sicht ambig:

(39) Diesen glänzenden Abend gedachte ich auf eine *gemütliche* Weise zu
feiern: Denn ich hatte mit Gretchen, mit Pylades und der Seinigen
abgeredet, dass wir uns zur nächtigen Stunde irgendwo treffen woll-

ten. Schon leuchtete die Stadt an allen Ecken und Enden, als ich meine Geliebten antraf. *(DuW.1 207:34-38)*

Die Entstehung der heutigen Verwendungsweise wurde zusätzlich unterstützt durch die Wendung *es ist mir gemütlich*.[35] Der folgende Übergang ist nicht mehr groß: Eine Wohnung, die ich als mir gemütlich angenehm empfinde, ist gemütlich.

Auch bei der semantischen Entwicklung des Adjektivs *fromm* spielt der metonymische Schluss von der Wirkung auf die Ursache eine Rolle. *Fromm* geht zurück auf das heute nicht mehr gebräuchliche Verb *frommen* ,nutzen':

(40) Es *fromet* dir nichts/das du gaffest nach dem/das dir nicht bepfohlen ist. *(Luther, zitiert nach DWb 4: 246)*

Dementsprechend ist die ehemalige Bedeutung von *fromm* ,nützlich'; auf Personen bezogen denotiert es die Eigenschaften der Tüchtigkeit und Rechtschaffenheit. Hier kommen moralische Standards ins Spiel, und das sind natürlich vornehmlich die christlichen Tugenden: Wenn jemand gläubig ist, dann ist er rechtschaffen. Dieser Schluss lässt sich dann – ein gewisses Weltbild vorausgesetzt – auch rückwärts lesen: Er ist rechtschaffen, also muss er gläubig sein. Man schließt von der Konsequenz (Rechtschaffenheit) auf die Bedingung (die zugrunde liegende Tugend der Gottgläubigkeit). Dass in diesem Fall die Schlussfolge genau umgekehrt verläuft wie bei den „normalen" Wenn-dann-Metonymien, liegt wohl daran, dass Frömmigkeit nicht unmittelbar beobachtbar ist. Der Schluss ,Diese Frucht ist unreif, also muss sie grün sein' ist unter nicht Farbenblinden eher unwahrscheinlich; aber der Schluss ,Dieser Mann ist rechtschaffen, also muss er gläubig sein' ist in einer Gemeinschaft der Gläubigen durchaus plausibel. Diese Bedeutungsverschiebung auf das religiöse Verhalten wird durch die Bibelübersetzung bereits seit dem 16. Jahrhundert unterstützt:

(41) Der Gottlose fährt mit dem Kopf hindurch, aber wer *fromm* ist, des Weg wird bestehen. *(Sprüche Salomons 21, 29)*.

---

35 Cf. DWb 5: 3330.

Dabei ist jedoch zu beachten, dass bei Luther ebenso die ältere
Verwendung vorkommt: *ei du frommer und getreuer Knecht.*[36]
Für die Bedeutungsvariante ‚rechtschaffen' finden sich auch
noch Belege sowohl im *Simplicissimus* als auch in *Dichtung und
Wahrheit:*

(42) „Sie hub den Rock auf, und wollte dazu (mein hochgeehrter, zucht-,
ehr- und tugendliebender Leser verzeihe meiner unhöflichen Feder,
dass sie alles so grob schreibt, als ichs damals vorbrachte) scheißen."
Hierüber erhub sich bei allen Anwesenden ein solch Gelächter, dass
mich mein Herr nicht mehr hören, geschweige etwas weiters fragen
konnte, und zwar war es auch nicht weiters vonnöten, man hätte
denn die ehrliche *fromme* Jungfer (scil.) auch in Spott bringen wollen.
(Simplicissimus, Das zweite Buch, 3. Kapitel, 106)

(43) (...) denn schickest du einen Krieg, so laufen alle bösen verwegenen
Buben mit, welche die friedliebenden *frommen* Menschen nur quälen
werden; (...). *(Simplicissimus, Das dritte Buch, 3. Kapitel, 219)*

(44) Indessen brachte die einmal eingeleitete Gastfreiheit unsres Hauses
den guten Eltern und mir selbst manche Unbequemlichkeit; in meiner Richtung, die immer darauf hinging, das Höhere gewahr zu werden, es zu erkennen, es zu fördern und wo möglich solches nachbil-
dend zu gestalten, war ich dadurch in nichts weiter gebracht. Die
Menschen, insofern sie gut waren, waren *fromm,* und, insofern sie tätig waren, unklug und oft ungeschickt. Jenes konnte mir nichts helfen, und dieses verwirrte mich; einen merkwürdigen Fall habe ich
sorgfältig niedergeschrieben. *(DuW.4 87:4-13)*

Häufiger kommt in beiden Quellen jedoch die auch heute übliche Verwendungsweise vor:

(45) (...) der Leser mag denken, was ich für einen verwegenen, frevlen und
ehrgeizigen Kopf hatte, indem mirs nicht genug war, dass ich den
frommen Geistlichen bestohlen und so schrecklich geängstiget, sondern ich wollte noch Ehr davon haben; (...). *(Simplicissimus, Das
zweite Buch, 31. Kapitel, 203)*

(46) (...) und möchte ich mir wohl einen rechtschaffenen *frommen* Menschen (die wir aber allein zu hintergehen haben, denn die Gottlosen

---

36 Paul ⁹1992: 296.

werden uns ohnedas nit entlaufen) hören was er sagte, wenn einer
von uns angestochen käme, und sagte: „Ich bin der Geiz, ich will
dich zur Höllen bringen! (...)" *(Simplicissimus, Continuatio, 4. Kapitel, 495)*

(47) Auch ich begrüßte den *frommen* Pater und wendete mich, ohne ein
Wort zu verlieren, dem Pfade zu, woher wir gekommen waren. Etwas
zaudernd folgte mir der Freund, und ohngeachtet seiner Liebe und
Anhänglichkeit an mich blieb er eine Zeit lang eine Strecke zurück, bis
uns endlich jener herrliche Wasserfall wieder zusammenbrachte, zu-
sammenhielt und das einmal Beschlossene endlich auch für gut und
heilsam gelten sollte. *(DuW.4 150:33-151:3)*

(48) Aber ein so gutes Verständnis sollte nicht lange dauern. Diese *fromm-
men* Menschen hatten sich jenen auch nach ihrer Weise fromm ge-
dacht, sie hatten ihn als den Magus aus Norden mit Ehrfurcht behan-
delt, und glaubten, dass er sich auch so fort in ehrwürdigem Betragen
darstellen würde. *(DuW.3 513:19-23)*

Das Adjektiv *historisch* ist heutzutage zweideutig. Noch zu
Goethes Zeiten wird es ausschließlich dazu verwendet, von etwas zu sagen, dass es die Geschichte bzw. die Vergangenheit
betrifft:

(49) Ich hatte mir schon früher bei Gemäldeliebhabern, besonders aber
auf Auktionen, denen ich fleißig beiwohnte, den Ruhm erworben,
dass ich gleich zu sagen wisse, was irgend ein *historisches* Bild vorstel-
le, es sei nun aus der biblischen oder der Profangeschichte oder aus
der Mythologie genommen; und wenn ich auch den Sinn der allegori-
schen Bilder nicht immer traf, so war doch selten jemand gegenwärtig, der es besser verstand als ich. *(DuW.1 89:14-22)*

(50) Ohne monoton zu sein, ließ Herder alles in einem Ton hinter einander folgen, eben als wenn nichts gegenwärtig, sondern alles nur
historisch wäre, als wenn die Schatten dieser poetischen Wesen nicht
lebhaft vor ihm wirkten, sondern nur sanft vorübergleiteten. *(DuW.2
426:34-38)*

Heute wird *historisch* außerdem dazu verwendet, von einem Ereignis zu sagen, dass es so bedeutsam ist, dass es in die Geschichte eingehen wird.

(51) *1954 gelang der Fußballnationalmannschaft ein historischer Sieg.*

(52) *Der 13. 8. 1961 ist ein historisches Datum in der deutschen Geschichte.*

(53) *Die Bundesregierung steht vor einer historischen Entscheidung.*

Diese Bedeutungsvariante beruht auf dem Wissen, dass Geschichtsschreiber nur die wirklich bedeutenden Ereignisse in die Historie aufnehmen. Es handelt sich also auch in diesem Fall um eine metonymische Bedeutungsverschiebung.

Mit *barock* schließlich liegt ein Adjektiv vor, das gewissermaßen eine kontraintuitive Entwicklung genommen hat. Betrachten wir dazu die Etymologie dieses Adjektivs etwas genauer:

> Zunächst in den Formen *baroque, baroc, barok* (2. Hälfte 18. Jh.), vorübergehend auch mit eindeutschender Suffigierung als *barockisch* (bereits Mitte 18. Jh.) vorkommende Entlehnung von frz. *baroque* ‚sonderbar, überladen‘. Das frz. Adjektiv, zuerst im 16. Jh. in der Bedeutung ‚schiefrund, unregelmäßig‘ auf Perlen angewandt, geht auf ein Substantiv port. *barocco* m. ‚Perle mit ungleichmäßiger Oberfläche, schiefrunder Edelstein‘ zurück, dessen Herleitung unsicher ist (...). Möglicherweise auf Grund des Gleichklangs mit der seit dem 13. Jh. bezeugten Kunstbildung mlat. nlat. *baroco*, die einen bestimmten Syllogismus in der formalen Logik benennt und als Inbegriff scholastischer Denkweise verspottet worden sein mag, entwickelt frz. *baroque* um 1700 den metaphorischen Gebrauch ‚verschroben, sonderbar, bizarr, überladen‘; in der zweiten Jahrhunderthälfte, also zur Zeit der Übernahme ins Dt., ist es oft tadelnde Kennzeichnung eines veralteten Geschmacks und überholter, als schwülstig empfundener künstlerischer Gestaltungsmittel, namentlich in Architektur, bildender Kunst und Musik. Dt. Kunsthistoriker gewinnen daraus Mitte des 19. Jhs. den von negativer Wertung freien Terminus Barock n. m. für die auf die Renaissance folgende Stilepoche (etwa vom Ausgang des 16. Jhs. bis 1750), der in andere europ. Sprachen entlehnt wird.[37]

Mit anderen Worten: Die Ableitung der Bezeichnung eines Kunststils und einer Kunstepoche aus einem negativ-wertenden Adjektiv liegt eine metonymische Bedeutungsverschiebung zugrunde. Der Ausdruck für das hervorstechende Merkmal, das Bizarre, Verschrobene, wurde gewählt zu Bezeichnung der ge-

---

37 Pfeifer 1989: 127.

samten Kunstrichtung. Wir können davon ausgehen, dass auch diese Bezeichnung zunächst mit despektierlicher Absicht gewählt war, denn man empfand, als man den Begriff des Barock prägte, diesen Stil als unschön verschnörkelt und überladen. Erst mit größerem zeitlichen Abstand begann man, diesen Epochenbegriff wertneutral in heutigem Sinne zu verwenden. Damit wurde auch die wertneutrale Verwendung des Adjektivs – nun abgeleitet von dem Stil- und Epochenbegriff – möglich. Goethe, dem der Gattungsbegriff noch nicht zur Verfügung stand, konnte das Adjektiv *barock* freilich nur in dem früheren Sinne von ‚überladen, verschroben und seltsam' verwenden:

(54) Wie nun dergleichen Dinge, wenn sie einmal im Gange sind, kein Ende und keine Grenzen haben, so ging es auch hier: Denn indem ich mir das *barocke* Judendeutsch zuzueignen und es ebenso gut zu schreiben suchte, als ich es lesen konnte, fand ich bald, dass mir die Kenntnis des Hebräischen fehlte, wovon sich das moderne verdorbene und verzerrte allein ableiten und mit einiger Sicherheit behandeln ließ. *(DuW.1 124:13-20)*

(55) Als ein abgesagter Feind des Schnörkel- und Muschelwesens und des ganzen *barocken* Geschmacks zeigte er uns dergleichen in Kupfer gestochne und gezeichnete alte Muster im Gegensatz mit besseren Verzierungen und einfacheren Formen der Möbel sowohl als anderer Zimmerumgebungen, und weil alles um ihn her mit diesen Maximen übereinstimmte, so machten die Worte und Lehren auf uns einen guten und dauernden Eindruck. *(DuW.2 309:32-310:1)*

Heute verwenden wir *barock* auf zweierlei Weise: zur Kennzeichnung der Stil- oder Epochenzugehörigkeit in Ausdrücken wie *der barocke Altar, die barocke Lyrik,* oder aber – mit wertendem Bedeutungsanteil – zur Charakterisierung des Überladenen und Verschnörkelten in Aussagen wie (56):

(56) *Er hat einen ausgesprochen barocken Geschmack.*

Somit ist *barock* ein weiteres Beispiel für ein mehrdeutiges Adjektiv.

War in den bisherigen Beispielen in erster Linie die attributive Funktion Ausgangspunkt für eine nicht wörtliche Interpretation des entsprechenden Adjektivs, kommt in den folgenden Fällen der adverbialen Funktion die entscheidende Rolle zu. Denn viele Adjektive können in adverbialer Position eine intensivierende Rolle übernehmen. Unter Intensivierung verstehen wir die Verstärkung dessen, was durch das Bezugsadjektiv ausgedrückt wird. Ein sehr prominentes Muster zur Gewinnung von Intensivierern ist wiederum das metonymische Verfahren, und zwar die Ursache-Folge-Metonymie.[38] Diese liegt beispielsweise den Intensivierungen in (57) und (58) zugrunde:

(57) *Heute ist es furchtbar kalt.*

(58) *Karl ist unglaublich dumm.*

Den metonymischen Prozess können wir in beiden Fällen mit Hilfe eines Konsekutivsatzes veranschaulichen. (57) und (58) lassen sich als (57a) bzw. (58a) paraphrasieren:

(57a) *Heute ist es so kalt, dass es furchtbar ist.*

(58a) *Karl ist so dumm, dass es nicht zu glauben ist.*

Der Intensitätsgrad der durch die intensivierten Adjektive denotierten Eigenschaften (hier *kalt* und *dumm*) wird über eine Folge oder Wirkung dieser Eigenschaften – ausgedrückt durch den *dass*-Satz – spezifiziert. Die jeweilige Wirkung kann dabei auf vielfältige Weise spezifiziert werden. Betrachten wir dazu (59) etwas genauer:

(59) *Was er verdient, ist lächerlich wenig.*

Lächerlich wurde noch von Goethe im Sinne von ,spaßig, zum Lachen reizend' verwendet:

(60) Allein um doch einigermaßen dem Genius des Pöbels zu opfern, gingen eigens bestellte Personen hinter dem Zuge her, lösten das Tuch von der Brücke, wickelten es bahnenweise zusammen und warfen es in die Luft. Hiedurch entstand nun zwar kein Unglück, aber ein *lächerliches* Unheil: Denn das Tuch entrollte sich in der Luft und be-

---

38 Zu den verschiedenen metonymischen Mustern der Adjektiv-Intensivierung im Deutschen siehe Kirschbaum (2002).

deckte, wie es niederfiel, eine größere oder geringere Anzahl Menschen. *(DuW.1 202:33-39)*

(61) Wir ritten durch Reichshofen, wo von Dietrich ein bedeutendes Schloss erbauen ließ, und nachdem wir, von den Hügeln bei Niedermodern, den angenehmen Lauf des Moderflüsschens am Hagenauer Wald her betrachtet hatten, ließ ich meinen Freund bei einer *lächerlichen* Steinkohlengrubenvisitation, die zu Dudweiler freilich etwas ernsthafter würde gewesen sein, und ritt durch Hagenau, auf Richtwegen, welche mir die Neigung schon andeutete, nach dem geliebten Sesenheim. *(DuW.2 425:33-426:2)*

Allerdings scheint sich bereits zur Goethezeit die negative Interpretation im Sinne von ‚töricht, unsinnig, albern' zu etablieren:

(62) Abraham ist nun neunundneunzig Jahr alt, und die Verheißungen einer zahlreichen Nachkommenschaft werden noch immer wiederholt, so dass am Ende beide Gatten sie *lächerlich* finden. Und doch wird Sara zuletzt guter Hoffnung und bringt einen Sohn, dem der Name Isaak zuteil wird. *(DuW.1 133:18-23)*

(63) Ich sprach von diesen Dingen mit einiger Behaglichkeit; allein er war anderer Meinung, verwarf nicht allein dieses ganze Interesse, sondern wusste es mir auch *lächerlich* zu machen, ja beinahe zu verleiden. *(DuW.2 403:22-26)*

Diese Entwicklung ist deshalb möglich, weil man aus sehr verschiedenen Gründen lachen kann: Es gibt das Lachen aus Spaß und Freude; darauf wird in (60) und (61) angespielt. Und es gibt das Lachen aus Spott und Hohn; diesem Lachen verdanken die Verwendungen in (62) und (63) ihren Sinn. Das spricht dafür, dass wir (59) durch (59a) paraphrasieren können:

(59a) *Er verdient so wenig, dass es zum Hohn-Lachen reizt.*

Der Bezug zur wörtlichen Bedeutung bei *lächerlich* in intensivierender, adverbialer Funktion ist allerdings kaum noch transparent. So schreibt schon das DWb um 1885: „In der heutigen umgangssprache bezeichnet *lächerlich* manchmal nur einen auffallend hohen Grad: *ein lächerlich billiger Preis; das Brot ist ja lächerlich klein* (...)."[39] Das stimmt jedoch nur zum Teil. Die

---

39 DWb 12: 28.

Autoren des DWb haben hier außer Acht gelassen, dass ihre
These vom „auffallend hohen Grad" nur in Richtung Kleinheit
zutrifft. Von einem Riesen kann man nicht sagen, er sei lächerlich groß, und von einem Manager nicht, er verdiene lächerlich
viel. Ein lächerlicher Preis kann immer nur ein geringer sein,
nie ein übertriebener. (Wenngleich man sagen kann: *Was? Sie
wollen so viel für dieses alte Auto? Das ist ja lächerlich!* Aber hier
liegt ein ironischer Gebrauch von *lächerlich* vor.)

Als letztes Beispiel für metonymischen Wandel wollen wir
uns *ungemein* anschauen, das Antonym zu dem bereits bespro-
chenen Adjektiv *gemein*. Wenn das Gemeine das Gewöhnliche
und Normale ist, so sollte das Ungemeine das Ungewöhnliche
und Unnormale sein. Und in genau diesem Sinne wird *ungemein* von Goethe verwendet:

(64) Bei unserer Ankunft stand bereits der Tisch reinlich und ordentlich
gedeckt, hinreichender Wein aufgestellt; wir setzten uns und blieben
allein, ohne Bedienung nötig zu haben. Als es aber doch zuletzt an
Wein gebrach, rief einer nach der Magd; allein statt derselben trat ein
Mädchen herein, von *ungemeiner* und, wenn man sie in ihrer Um-
gebung sah, von unglaublicher Schönheit. *(DuW.1 167:11-18)*

(65) Ich besitze selbst noch poetische Episteln von *ungemeiner* Kühnheit,
Derbheit und Swiftischer Galle, die sich durch originelle Ansichten
der Personen und Sachen höchlich auszeichnen, aber zugleich mit so
verletzender Kraft geschrieben sind, dass ich sie nicht einmal gegenwärtig publizieren möchte, sondern sie entweder vertilgen, oder als
auffallende Dokumente des geheimen Zwiespalts in unserer Literatur
der Nachwelt aufbewahren muss. *(DuW.3 506:30-37)*

(66) Schon Sophie La Roche gab uns den besten Begriff von diesen edlen
Brüdern; Demoiselle Fahlmer, von Düsseldorf nach Frankfurt gezogen, und jenem Kreise innig verwandt, gab durch die große Zartheit
ihres Gemüts, durch die *ungemeine* Bildung des Geistes ein Zeugnis
von dem Wert der Gesellschaft, in der sie herangewachsen. *(DuW.3
31:4-9)*

Interessant ist nun, dass diese beiden Antonyme in ihrer Bedeutungsentwicklung getrennte Wege gegangen sind. Denn
wenn *ungemein* heute noch ein Antonym zu *gemein* wäre, sollte

es etwa ‚nett, anständig' bedeuten. Stattdessen wird es heute allein intensivierend verwendet, ein Gebrauch, der sich schon bei Goethe findet:

(67) Diesen ihren Lehren kam, ohne es zu wissen, der Professor Morus zu Hülfe, ein *ungemein* sanfter und freundlicher Mann, den ich an dem Tische des Hofrats Ludwig kennen lernte und der mich sehr gefällig aufnahm, wenn ich mir die Freiheit ausbat, ihn zu besuchen. *(DuW.2 255:35-39)*

Die Entwicklung von *ungemein* entspricht der von *ungewöhnlich*: Adjektive, die eine Abweichung von der Norm ausdrücken, werden genutzt, um eine Abweichung nach oben, einen besonders hohen Grad zu bezeichnen.

2.4 Einzelphänomene

Es gibt eine Reihe von semantischen Entwicklungen, die sich nicht (allein) einem der drei genannten Muster – Differenzierung, metaphorischer und metonymischer Wandel – zuordnen lassen. Sie gehen entweder – bezogen auf unser Korpus – völlig individuelle Wege, oder bewegen sich in sehr kleinen Gruppen. Eine solche kleine Gruppe bilden die Adjektive, deren Bedeutung sich durch ironischen Gebrauch verändert hat. Doch betrachten wir zuerst die Individualisten.

Ein solcher ist das Adjektiv *bequem*. Wenn wir uns die Ausdrücke *ein bequemer Stuhl* und *ein bequemer Zeitgenosse* anschauen, so stellen wir fest, dass *bequem*, in Bezug auf Menschen verwendet, eine andere Bedeutung hat, als wenn man es auf Sachen bezieht. Das war nicht immer so. Die heutige, auf Menschen bezogene Bedeutungsvariante ‚faul' ist erst im 18. Jahrhundert entstanden.[40] Die Verwendung von *bequem* in Bezug auf nicht menschliche Referenten hat sich dagegen nicht geändert, wie die folgenden Belegstellen aus dem *Simplicissimus* zeigen:

---

40 Cf. Pfeifer 1989: 153.

(1) „Lieber Simplici, wenn du dies Brieflein findest, so gehe alsbald aus dem Wald, und errette dich und den Pfarrer aus gegenwärtigen Nöten, denn er hat mir viel Guts getan: Gott, den du allweg vor Augen haben und fleißig beten sollst, wird dich an ein Ort bringen, der dir am *bequemsten* ist." *(Simplicissimus, Das erste Buch, 18. Kapitel, 53)*

(2) Von unserer Lagerstatt ging ein Wasserrunze in einer Klammen hinunter (die *bequem* zu reiten war) gegen das Feld wärts, deren Ausgang besetzte ich mit zwanzig Mann, nahm auch selbst meinen Stand bei ihnen und ließ den Springinsfeld schier an dem Ort, wo wir zuvor gelegen warn, sich in seinem Vorteil halten, befahl auch meiner Bursch, wenn der Convoi hinkomme, dass jeder seinen Mann gewiss nehmen sollte, sagte auch jedem, wer Feuer geben und welcher seinen Schuss im Rohr zum Vorrat behalten sollte. *(Simplicissimus, Das dritte Buch, 7. Kapitel, 231)*

(3) (...) also dass ich zuletzt gar wohl für einen Vorsteher, Zunftmeister und Präzeptor derjenigen Gesellschaft hätte passieren mögen, die aus der Landfahrerei zu keinem andern End eine Profession machen, als ihre Nahrung damit zu gewinnen; hierzu war mein Habit und Leibsgestalt fast *bequem* und beförderlich, sonderlich die Leut zur Freigebigkeit zu bewegen; (...). *(Simplicissimus, Continuatio, 10. Kapitel, 525-526)*

Bemerkenswert ist nun, dass *bequem* im Sinne von ‚keine Schwierigkeiten machend, angenehm' zu Goethes Zeiten auch noch in Bezug auf Personen möglich war, wie die folgenden Textstellen zeigen:

(4) Die unter Verschwägerten gewöhnlichen Misshelligkeiten fanden nun erst eine Form, in der sie sich aussprechen konnten. Man stritt, man überwarf sich, man schwieg, man brach los. Der Großvater, sonst ein heitrer, ruhiger und *bequemer* Mann, ward ungeduldig. *(DuW.1 46:25-29)*

(5) Das Kind, an und für sich betrachtet, mit seinesgleichen und in Beziehungen, die seinen Kräften angemessen sind, scheint so verständig, so vernünftig, dass nichts drüber geht, und zugleich so *bequem*, heiter und gewandt, dass man keine weitere Bildung für dasselbe wünschen möchte. *(DuW.1 72:5-10)*

(6) Zwar ward ich manchen hohen und vornehmen Personen vorgestellt; aber teils hatte niemand Zeit, sich um andere zu bekümmern, und teils

wissen auch Ältere nicht gleich, wie sie sich mit einem jungen Menschen unterhalten und ihn prüfen sollen. Ich von meiner Seite war auch nicht sonderlich geschickt, mich den Leuten *bequem* darzustellen. Gewöhnlich erwarb ich ihre Gunst, aber nicht ihren Beifall. *(DuW.1 198:29-35)*

(7) Er selbst war der angenehmste Gesellschafter: gleichmütige Heiterkeit begleitete ihn durchaus; dienstfertig ohne Demut, gehalten ohne Stolz, fand er sich überall zu Hause, überall beliebt, der tätigste und zugleich der *bequemste* aller Sterblichen. *(DuW.4 172:17-21)*

Während Goethe in diesen Passagen das Adjektiv *bequem* durchweg im Sinne von ‚umgänglich' verwendet, ist heutzutage eine bequemer Mensch träge und faul. Was hier stattgefunden hat, lässt sich vielleicht am ehesten als ein reflexiver Dreh beschreiben: Wenn einer als *bequem* bezeichnet werden kann, den andere als angenehm im Umgang empfinden, so kann man auch jemanden *bequem* nennen, der es *sich selbst* gern angenehm macht. Dieser Prozess lässt sich auch über die Negation beschreiben: Menschen, die es sich gern bequem machen, sind solche, die alles Unbequeme, Unangenehme meiden.[41] Und da die Arbeit in den meisten Fällen zu den unbequemen Dingen des Lebens gehören, ist eine bequemer Mensch ein fauler.

Einen anderen Sonderweg ist das Adjektiv *umständlich* gegangen. Seine Bedeutung wandelte sich von ‚ausführlich, aufwendig' zu ‚aufwendiger als angemessen, zu aufwendig'. Für die frühere Bedeutungsvariante sollen die folgenden Belegstellen aus dem *Simplicissimus* und aus *Dichtung und Wahrheit* stehen:

(8) (...) mir selbsten aber erzählet' er meinen künftigen ganzen Lebenslauf so *umständlich*, als wenn er schon vollendet und er allezeit bei mir gewesen wäre, welches ich aber wenig achtet und mich jedoch nachgehends vielen Dings erinnert, das er mir zuvor gesagt, nachdem es schon geschehen oder wahr worden, vornehmlich aber warnet' er mich vorm Wasser, weil er besorgte, ich würde meinen Untergang darin leiden. *(Simplicissimus, Das zweite Buch, 24. Kapitel, 172)*

(9) So zweifelt mir nicht, wenn ich anders recht gehöret, und alles *umständlich* und glücklich genug vorbringen würde, dass mir nit allein das

---

41 Cf. Paul ⁹1992: 112.

ganze höllische Reich den Vorzug vor der Verschwendung zusprechen, sondern noch dazu die Ehr und den Sitz des alten abgangnen
Plutonis, unter welchem Namen ich ehemalen für das höchste Ober-
haupt allhier respektiert worden, wiederum gönnen und einräumen
werde, als welcher Stand mir billig gebührt. *(Simplicissimus, Continuatio, 4. Kapitel, 498)*

(10) Nun aber scheint es nötig, *umständlicher* anzuzeigen und begreiflich
zu machen, wie ich mir in solchen Fällen in der französischen Sprache,
die ich doch nicht gelernt, mit mehr oder weniger Bequemlichkeit
durchgeholfen. Auch hier kam mir die angeborne Gabe zustatten,
dass ich leicht den Schall und Klang einer Sprache, ihre Bewegung,
ihren Akzent, den Ton und was sonst von äußern Eigentümlich-
keiten, fassen konnte. *(DuW.1 90:17-24)*

(11) *Umständlicher* muss ich jedoch hier eines Mannes erwähnen, den ich
erst in dieser Zeit kennen lernte und dessen lehrreicher Umgang mich
über die traurige Lage, in der ich mich befand, dergestalt verblendete,
dass ich sie wirklich vergaß. Es war Langer, nachheriger Bibliothekar
in Wolfenbüttel. *(DuW.2 333:4-8)*

Es sei an dieser Stelle auch an Adelungs *Umständliches Lehr-
gebäude der deutschen Sprache* von 1782 erinnert, das schon aufgrund seines Titels heute kaum noch ein Schüler freiwillig in
die Hand nehmen würde. Heute wird *umständlich* vor allem adverbial und im Sinne von ‚zu aufwendig‘ oder auch ‚mit unnöti-
gen Umwegen‘ verwendet:

(12) *etwas umständlich erklären, beschreiben, formulieren, ausdrücken, rech-
nen, zusammenbauen etc.*

Den Auslöser dieses Bedeutungswandels waren vermutlich Äußerungen, in denen *umständlich* in höflicher und zugleich kriti-
scher Attitüde verwendet wurde. Wer heute sagt: *Du hast das
etwas aufwendig formuliert* meint vermutlich ‚Du hast das zu
aufwendig formuliert‘ und formuliert damit eine zurückhal-
tende Kritik. Es handelt sich dabei weder um eine Metapher
noch um eine Metonymie. Im Falle von *umständlich* ist offenbar der Aspekt der Kritik – paraphrasiert durch das *zu*, das das
Überschreiten eines externen Akzeptabilitätsmaßes ausdrückt
– gleichsam in die Bedeutung mit „hineingerutscht". Auch hier

könnte das der Sprecherwahl zugrunde liegende Motiv die schonende Ausdrucksweise gewesen sein, so dass *umständlich* in einer Übergangszeit als eine Art Euphemismus galt.

Eine bewegte Vergangenheit haben die Adjektive *billig* und
teuer. Sie sind unter anderem, wie wir sehen werden, Beispiele
dafür, dass nicht nur die Ausdruckswahlen der Sprecher, sondern auch die Interpretationen der Adressaten ausschlaggebend
für Bedeutungswandel sein können. Wer im 18. Jahrhundert
sagte: *Das ist ein billiges Argument*, der äußerte sich lobend; wer
dies hingegen heute sagt, formuliert, wenn der Sprecher nicht
gerade ein betagter Jurist ist, mit hoher Wahrscheinlichkeit einen Tadel.

Gewöhnlicherweise unterscheidet man zwischen zwei Typen
von Adjektiven: solchen, die qualitativen Charakter haben, die
eine Eigenschaft denotieren, wie etwa *kalt*, und solchen Adjektiven, die eine Relation ausdrücken, wie etwa *nördlich*. Wenn
etwas *nördlich* ist, ist es immer *nördlich* von etwas anderem.
Nördlich ist also ein zweistelliges Prädikat. In einem anderen
Sinne sind auch evaluative Adjektive wie *schön* relationaler Natur. Wer die Gesichtszüge eines Menschen *schön* nennt, nennt
keine Eigenschaft der Gesichtszüge, sondern er gibt eine ästhetische Bewertung ab. Eine Bewertung ist eine Funktion von
Eigenschaften eines Gegenstandes (im weitesten Sinne) in Haltungen bzw. Einstellungen des Sprechers. Bewerten heißt somit: einem Gegenstand gegenüber eine Haltung einnehmen nach
Maßgabe seiner Eigenschaften. Wer also die Gesichtszüge eines
Menschen *schön* nennt, der sagt gleichsam: Seine Gesichtszüge
haben Eigenschaften (etwa die der Ebenmäßigkeit und Feinheit), die mich veranlassen, sie ästhetisch zu billigen. Diese Art
von Relationalität betrifft eine andere Dimension als die Relationalität des Adjektivs *nördlich*. *Nördlich* drückt eine Relation
auf der Objektebene aus, *schön* eine Relation zwischen der Objektebene und dem Sprecher. Bei dem Adjektiv *billig* in seiner
Bedeutung des 18. Jahrhunderts kommen beide Dimensionen
zusammen: Es ist relational im ersten Sinne und zugleich relational im zweiten. Es ist ein evaluatives Adjektive, dessen Be

wertungsobjekt eine Relation ist: Wer beispielsweise sagte: *Er hat eine billige* (‚angemessene‘) *Strafe erhalten*, der sagt, dass er die Relation zwischen Tat und Strafe billigt. Damit entsteht eine spezielle Form der Dreistelligkeit (eine dreidimensionale Dreistelligkeit sozusagen) – und diese Eigenschaft ist es, die die Reinterpretation ermöglicht, welche schließlich zu einer Argumentreduktion von *billig* führte: Aus einem relationalen Adjektiv wird eines, das eine Eigenschaft denotiert. Betrachten wir diesen Entwicklungsprozess im Detail. Die Bedeutungsentwicklung von *billig* lässt sich stark vergröbernd wie folgt darstellen:

(i)   1800:   ‚angemessen, fair‘

(ii) 1900:   ‚preiswert‘

(iii) 2000:   ‚minderwertig‘

Für die erste Bedeutungsvariante finden sich im *Simplicissimus* folgende Belegstellen:

(13) Weil er mich denn nun für den Teufel selbst hielt, so gedachte ich, es wäre *billig*, dass ich auch wie der Teufel täte, dass ich mich mit Lügen behülfe, antwortet derowegen: „Ich bin der Teufel, und will dir und deiner Köchin die Häls umdrehen!" *(Simplicissimus, Das zweite Buch, 31. Kapitel, 202)*

(14) „Sollte ich ihnen anstatt *billiger* Straf erst noch hofieren und große Ehr antun? Ich wollte sie ehe morgenden Tags beide zusammenbinden und in der Lipp’ ertränken lassen! Ihr müsst mir sie in diesem Augenblick kopuliern, maßen ich Euch deswegen holen lassen, oder ich will sie alle beide wie die Hühner erwürgen." *(Simplicissimus, Das dritte Buch, 21. Kapitel, 287)*

(15) (...) du wirst aber keine anderen als arme und geringe Dieb haben henken sehen, welches auch *billig* ist, weil sie sich dieser vortrefflichen Übung haben unterfangen dürfen, die doch niemandem als herzhaften Gemütern gebührt und vorbehalten ist: Wo hast du jemals eine vornehme Standsperson durch die Justitiam strafen sehen, um dass sie ihr Land zu viel beschwert habe? *(Simplicissimus, Das vierte Buch, 15. Kapitel, 352)*

(16) „Der Herr tue nach seinem Belieben, allein hätte ich vermeinet, wenn ihn Gott und das Glück grüßet, so sollte er beiden *billig* danken; wenn er sich aber ja nicht helfen lassen, noch gleichsam wie ein Prinz

leben will, so verhoffe ich gleichwohl, er werde dafürhalten, ich habe
an ihm das Meinig nach äußerstem Vermögen zu tun keinen Fleiß ge-
spart"; daraufhin machte er einen tiefen Bückling, ging seines Wegs
und ließ mich dort sitzen, ohne dass er zulassen wollte, ihm nur bis
vor die Tür das Geleit zu geben. *(Simplicissimus, Das fünfte Buch, 20.*
Kapitel, 465)

(17) Viel kamen in Spessart, weil sie die Büsch suchten, sich zu verbergen,
aber indem sie dem Tod auf der Ebne entgingen, fanden sie ihn bei
uns in den Bergen, und weil beide kriegende Teile für *billig* achteten,
einander auf unserm Grund und Boden zu berauben und niederzu-
machen, griffen wir ihnen auch auf die Hauben, damals ging selten
ein Bauer in den Büschen ohne Feurrohr, weil wir zu Haus bei unsern
Hauen und Pflügen nit bleiben konnten. *(Simplicissimus, Das fünfte*
Buch, 8. Kapitel, 416)

Es fällt bei der Vielzahl von Belegstellen, von denen wir hier
nur eine Auswahl anführen können, auf, dass *billig* damals über-
wiegend adverbial verwendet wurde, um eine Handlung als angemessen zu charakterisieren. Gemäß dieser Bedeutung von
billig konnten nur Handlungen sinnvollerweise billig genannt
werden. Ein Ausdruck wie *billige Heringe* wäre zu damaliger
Zeit so wenig interpretierbar gewesen wie heute *angemessene*
Heringe. Dies trifft auch noch für Goethes Verwendungsweise
zu, wobei bei ihm Vergleichskonstruktionen (nach dem Muster
länger als billig) besonders häufig vorkommen, wie die folgenden Belege zeigen:

(18) Auf diesem Wege, aus dergleichen Betrachtungen und Versuchen, aus
solchen Erinnerungen und Überlegungen entsprang die gegenwärtige
Schilderung, und aus diesem Gesichtspunkt ihres Entstehens wird sie
am besten genossen, genutzt und am *billigsten* beurteilt werden können. *(DuW.1 10:1-5)*

(19) Mein Vater hatte mich früh gewöhnt, kleine Geschäfte für ihn zu be-
sorgen. Besonders trug er mir auf, die Handwerker, die er in Arbeit
setzte, zu mahnen, da sie ihn gewöhnlich länger als *billig* aufhielten,
weil er alles genau wollte gearbeitet haben und zuletzt bei prompter
Bezahlung die Preise zu mäßigen pflegte. *(DuW.1 151:14-19)*

(20) Nachdem die Kur länger als *billig* gedauert, Lobstein in seiner Behandlung zu schwanken und sich zu wiederholen anfing, so dass die

Sache kein Ende nehmen wollte, auch Pegelow mir schon heimlich anvertraut hatte, dass wohl schwerlich ein guter Ausgang zu hoffen sei; so trübte sich das ganze Verhältnis: Herder ward ungeduldig und missmutig, es wollte ihm nicht gelingen, seine Tätigkeit wie bisher fortzusetzen, und er musste sich um so mehr einschränken, als man die Schuld des missratenen chirurgischen Unternehmens auf Herders allzu große geistige Anstrengung und seinen ununterbrochenen lebhaften, ja lustigen Umgang mit uns zu schieben anfing. *(DuW.2 409:27-38)*

(21) Nun, als er sich entfernt hatte, trennte ich mich von Charlotten zwar mit reinerem Gewissen als von Friedriken, aber doch nicht ohne Schmerz. Auch dieses Verhältnis war durch Gewohnheit und Nachsicht leidenschaftlicher als *billig* von meiner Seite geworden; sie dagegen und ihr Bräutigam hielten sich mit Heiterkeit in einem Maße, das nicht schöner und liebenswürdiger sein konnte, und die eben hieraus entspringende Sicherheit ließ mich jede Gefahr vergessen. *(DuW.3 555:26-33)*

(22) An alte Mauern gehört er hin, an denen ohnehin nichts mehr zu verderben ist, von neuen Gebäuden entfernt man ihn *billig*; die Bäume saugt er aus, und am allerunerträglichsten ist er mir, wenn er an einem Pfahl hinaufklettert und versichert, hier sei ein lebendiger Stamm, weil er ihn umlaubt habe. *(DuW.3 549:21-26)*

Diese Bedeutung von *billig* hat sich bis heute in der Rechtssprache erhalten (23) und in dem feststehenden Ausdruck *recht und billig.*

(23) (...) war über alle entstandenen Kosten des Rechtstreits nach *billigem* Ermessen zu entscheiden. *(Neue Juristische Wochenschrift 19, 1984, 1103, zitiert nach Duden 1993: 536)*

Die Bedeutungsentwicklung von *billig* durchlief bis heute drei Stadien, die sich ebenfalls im Überblick darstellen lassen:

Stadium 1:   billige Handlung > billiger Preis

Stadium 2:   billiger Preis > billige Ware

Stadium 3:   billige Ware > minderwertiger Ware

Sehen wir uns die einzelnen Stadien etwas genauer an:

Im ersten Stadium vollzogen sich zwei Prozesse: Während zu Goethes Zeiten im Prinzip jedwede Handlung in Bezug auf ihre Billigkeit bewertet werden konnte, ist etwa zur Mitte des 19. Jahrhunderts eine Konzentration auf ökonomische Kontexte festzustellen: In Zeitungsannoncen suchen Bürgerfamilien ein Dienstmädchen und versprechen einen *billigen Lohn*, oder es bietet einer sein Haus an zu einem *billigen Preis*. In dieser Phase war ein billiger Preis noch kein niedriger! Das ist nicht zuletzt daran zu erkennen, dass gleichzeitig mit billigen Löhnen geworben wurde. Aber bald sollte es so sein, dass *billiger Preis* im Sinne von ,niedriger Preis' verstanden wurde. Grundlage dieses Wandels ist eine perspektivische Interpretation aus der Sicht des Käufers. Um dies zu erläutern, wollen wir ein wenig ausholen: Es ist bemerkenswert, dass in der Werbung der ersten Hälfte des 19. Jahrhunderts so gut wie nie das Wort *wohlfeil* verwendet wurde, wo doch dieses die normale Bezeichnung für einen niedrigen Preis war. Es war immer nur von *billig* die Rede. Warum ist das so? Ein Händler muss nie für seine niedrigen Preise argumentieren, sondern immer nur für die stattlichen. Und ein gutes Argument ist – bis auf den heutigen Tag: Meine Preise sind zwar nicht niedrig, aber sie sind angemessen! Genau dies leistete in der damaligen Zeit das Adjektiv *billig*! *Nicht billig, sondern preiswert*, oder *Gute Ware zu fairen Preisen*, so lauten die entsprechenden Argumente heute, wobei mit *preiswert* und *fair* wiederum Ausdrücke verwendet werden, die wie ehedem *billig* die Preis-Leistungs-Relation charakterisieren. Kommen wir nun zurück zu der Frage, wie aus der Bedeutung ,angemessen' die Bedeutung ,niedrig' werden kann. Betrachten wir folgende fiktionale Situation: Ich habe meinen gebrauchten Wagen verkauft und sage abends zu meiner Frau: *Ich habe einen guten Preis erzielt*. Nehmen wir an, der Käufer meines Autos fährt glücklich nach Hause und sagt ebenfalls abends zu seiner Frau: *Ich habe einen guten Preis erzielt*. In diesen beiden Äußerungen hat *guter Preis* einen jeweils anderen Sinn. Aus der Händlerperspektive ist ein hoher Preis ein guter und aus der Käuferperspektive ein niedriger. Wenn aber ein Händler mit

einem *guten Preis* wirbt – *Ich machen Ihnen einen guten Preis* –
dann nimmt er selbstverständlich die Käuferperspektive ein.
Der analoge Prozess hat sich mit dem Adjektiv *billig* vollzogen.
Die Händler werben mit billigen, d. h. angemessenen Preisen,
denn die Bedeutung von *billig* erlaubt es, auch einen nicht ganz
so günstigen Preis zu rechtfertigen. Der Kunde interpretiert
billig im Sinne von *billig aus meiner Sicht*, und das heißt niedrig.
Und da die Kundensicht die dominante ist – ökonomisch wie
zahlenmäßig – gewinnt die Kundeninterpretation die Ober-
hand. Dies ist ein Beispiel dafür, wie die Interpretation des Hörers und die Antizipation dieser Interpretation durch den Sprecher einen Bedeutungswandel erzeugen kann.

Die Antizipation der Kundenperspektive findet immer wieder statt. Nur so ist zu erklären, dass heute Händler mit *Spitzen-
preisen* und *besonders günstigen Preisen* werben. Spitzenpreise
sind nicht besonders hohe sondern solche die „Spitze" für den
Kunden sind; und die besonders günstigen Preise sind günstig
aus der Kundensicht. Der Effekt der geschilderten Bedeutungsverschiebung ist eine Argumentreduktion: Eine zweistellige
Relation wird einstellig. Oder anders ausgedrückt: Aus einer
Bezeichnung der Preis-Leistungs-Relation wird eine Bezeichnung für eine Qualität des Preises.

Im zweiten Stadium wird *billig* nicht nur auf den Preis, sondern auch auf die Ware angewandt. Damit ist es möglich, von
billigen Kartoffeln zu reden – eine Entwicklung, die mittlerweile
auch *günstig* durchlaufen hat, *fair* jedoch noch nicht: *Bei Edeka
gibt's günstige Kartoffeln* vs. **Bei Edeka gibt's faire Kartoffeln.*
Wie lässt sich dieser Schritt erklären?

In der zweiten Hälfte des 19. Jahrhunderts – etwa in den
siebziger Jahren – tauchen Zeitungsannoncen auf, in denen
billig in adverbialen Ellipsen verwendet wird:

(24) *Seefische billig*

Eine solche Ellipse lädt natürlich zur syntaktischen Re-Inter-
pretation ein. Das eigentlich adverbial gebrauchte *billig* (*Seefische sind billig zu verkaufen*) wird als Prädikation interpretiert:

Seefische sind billig. Grundlage ist eine Metonymie, die auf dem engen konzeptuelle Zusammenhang von Preis und Ware beruht. Aus *billig* ,günstiger Preis' wird somit ,preisgünstige Ware'. Damit hat nun *billig* die Bedeutung, die bislang von *wohlfeil* besetzt wurde. Und damit ist auch der „semantische Niedergang" dieses Adjektivs vorgezeichnet.

Im dritten Stadium schließlich erlangt *billig* die Bedeutung ,minderwertig', und zwar wiederum auf der Basis eines metonymischen Wenn-dann-Schlusses: Wenn etwas nicht viel kostet, dann kann es auch nicht viel taugen. Mit anderen Worten: Der Preis wird als ein Symptom für die Qualität der Ware interpretiert. Der Effekt dieser Bedeutungsverschiebung ist eine Pejorisierung von *billig*:

(25a) *Er trägt nur billige Anzüge.*

(25b) *Sie trank einen billigen Schnaps.*

Eine vierte Etappe zeichnet sich bereits ab: *Billig* wird metaphorisch übertragen auf geistige Produkte und wird dann interpretiert im Sinne von ,geistlos, primitiv':

(26a) *Das war aber ein billiges Argument.*

(26b) *Der Film bietet nur billige Witzeleien.*

Allerdings scheint uns diese Sinnvariante noch nicht lexikalisiert zu sein, so dass wir noch nicht von einem neuerlichen Bedeutungswandel und damit noch nicht von einer Polysemie des Wortes *billig* sprechen wollen.

Wir haben zu Beginn dieses Buches die Frage gestellt, ob Sie sich vorstellen können, dass *fair* einmal ,minderwertig' bedeuten wird. Wenn man einem Zeitgenossen Goethes vor 200 Jahren diese Frage in Bezug auf *billig* gestellt hätte, hätte er mit eben demselben Unverständnis reagiert, mit dem normale Menschen (Nichtlinguisten) auf unsere Frage reagieren.

Betrachten wir nun im Vergleich zu *billig* die Entwicklung von *teuer*. Bis gegen Ende des 19. Jahrhunderts bedeutete *teuer* ,vortrefflich, lieb, wert, geschätzt', eine Bedeutung, die wir nur noch in der idiomatischen Zwillingsformel *lieb und teuer* haben.

Wer heute den Ausdruck *teuere Freundin* verwendet, könnte missverstanden werden; und wenn Goethe vom *teuren Elsass* redet, so beklagt er sich nicht über die dortigen Preise:

(27) „Wir haben, *teurer* Freund, nunmehr die zwölf Teile Ihrer dichterischen Werke beisammen, und finden, indem wir sie durchlesen, manches Bekannte, manches Unbekannte; ja manches Vergessene wird durch diese Sammlung wieder angefrischt." *(DuW.1 7:9-13)*

(28) In dieser Betrachtung nahm ich feierlichen Abschied von dem *teuren* Elsass, da wir uns den andern Morgen nach Lothringen zu wenden gedachten. *(DuW.2 418:16-19)*

(29) Die junge schöne Welt verschmerzte den Verlust und verschenkte nun scherzend die *teuer* erworbenen Exemplare. Ich erhielt selbst mehrere von guten Freundinnen, deren keines aber mir geblieben ist. *(DuW.3 519:10-13)*

(30) Nunmehr aber ist nichts billiger, als dass wir ihre natürliche Gestalt, ihr eigentliches Wesen geschätzt und geehrt vorführen, wie solches eben damals in unmittelbarer Gegenwart von dem durchdringenden Lavater geschehen, deshalb wir denn, weil die schweren und *teuren* Bände des großen physiognomischen Werkes nur wenigen unsrer Leser gleich zur Hand sein möchten, die merkwürdigen Stellen, welche sich auf beide beziehen, aus dem zweiten Teile gedachten Werkes, und dessen dreißigstem Fragmente, Seite 244, hier einzurücken kein Bedenken tragen. *(DuW.4 162:4-14)*

In den ersten beiden Belegen fällt auf, dass *teuer* relational interpretiert werden muss, d. h. im Sinne von ‚jemandem ist jemand/etwas wertvoll', wobei jedoch nur ein Argument sprachlich realisiert wird. So ist Goethe dem Briefeschreiber ein wertvoller Freund und das Elsass Goethe eine liebenswerte Region. In den anderen beiden Belegstellen kann durchaus bereits die heutige Bedeutungsvariante ‚einen hohen Preis kostend' vorliegen. Grundlage dieses Wandels ist eine Metonymie, die analog zu der metonymischen Bedeutungsverschiebung im dritten Stadium von *billig* formuliert werden kann: Wenn etwas wertvoll ist, dann kostet es auch viel. Der Effekt ist der Gleiche: Ein relationales, zweistelliges Prädikat wird zu einem einstelligen: *mir teuer > teuer.* Der Zwischenschritt der Differenzierung im Bezug auf Preise entfällt bei *teuer*, weil ein Ausdruck wie *teurer Preis* auf der Basis der alten Bedeutung von *teuer* gar nicht interpretierbar wäre.

Im Gegensatz zu *billig* ist die metonymische Bedeutungsvariante von *teuer* jedoch wesentlich früher etabliert, wie die folgenden Stellen aus dem *Simplicissimus* belegen. Man kann also davon ausgehen, dass zu Zeiten Goethes das Adjektiv *teuer* polysem war und dass diese Polysemie mit der Zeit zu Gunsten der späteren metonymischen Bedeutungsvariante verschwindet:

(31) Dieses nun war die erste Hochzeit, bei der ich mich mein Lebtag befunden, unangesehen ich nicht dazu geladen worden, hingegen durfte ich aber auch nichts schenken, wiewohl mir hernach der Hochzeiter die Zech desto *teurer* rechnete, die ich auch redlich bezahlte. *(Simplicissimus, Das zweite Buch, 1. Kapitel, 100)*

(32) Edler Jäger, etc. Wenn derjenige, dem Ihr den Speck gestohlen, hätte gewusst, dass Ihr ihm in teuflischer Gestalt erscheinen würdet, hätte er sich nicht so oft gewünscht, den landberufenen Jäger auch zu sehen: Gleichwie aber das geborgte Fleisch und Brot viel zu *teuer* bezahlt worden, also ist auch der eingenommene Schrecken desto leichter zu verschmerzen, vornehmlich weil er von einer so berühmten Person wider ihren Willen verursacht worden, deren hiermit allerdings verziehen wird, mit Bitt, dieselbe wolle ein andermal ohne Scheu zusprechen, bei dem der sich nicht scheuet, den Teufel zu beschwören. Vale. *(Simplicissimus, Das zweite Buch, 31. Kapitel, 204)*

(33) Ich hab zwar niemalen keine so große volkreiche Stadt gesehen, da es wohlfeiler zu zehren als eben an diesem Ort; gleichwie aber nichtsdestoweniger meine übrigen Dukaten nach und nach zusammengingen, wenns schon nit *teuer* war, also konnte ich mir auch leicht die Rechnung machen, dass ich nit erharren würde können, bis sich der Aufruhr des Bassae von Damasco legen und der Weg sicher werden würde, meinem Vorhaben nach Jerusalem zu besuchen; (...). *(Simplicissimus, Continuatio, 17. Kapitel, 563)*

Ebenfalls relational und zwar im Sinne von ,jemandem kostbar sein' wird ursprünglich auch *wert* verwendet und dies bis in die Goethezeit hinein:

(34) Er gab mir einen Leibschützen mit, der mich zu ihm brachte, der Pfarrer aber führet' mich in sein Museum, setzt' sich, hieß mich auch

sitzen, und sagte: „Lieber Simplici, der Einsiedel, bei dem du dich im
Wald aufgehalten, ist nicht allein des hiesigen Gouverneurs Schwager,
sondern auch im Krieg sein Beförderer und *wertester* Freund gewesen;
(...)." *(Simplicissimus, Das erste Buch, 22. Kapitel, 63)*

(35) Die kleine Bühne mit ihrem stummen Personal, die man uns anfangs
nur vorgezeigt hatte, nachher aber zu eigner Übung und dramatischer
Belebung übergab, musste uns Kindern um so viel *werter* sein, als es
das letzte Vermächtnis unserer guten Großmutter war, die bald darauf durch zunehmende Krankheit unsern Augen erst entzogen, und
dann für immer durch den Tod entrissen wurde. *(DuW.1 15:17-23)*

(36) Unversehens brach ein Hagelwetter herein und schlug die neuen Spie-
gelscheiben der gegen Abend gelegenen Hinterseite des Hauses unter
Donner und Blitzen auf das gewaltsamste zusammen, beschädigte die
neuen Möbeln, verderbte einige schätzbare Bücher und sonst *werte*
Dinge, und war für die Kinder um so fürchterlicher, als das ganz außer
sich gesetzte Hausgesinde sie in einen dunklen Gang mit fortriss, und
dort auf den Knieen liegend durch schreckliches Geheul und Geschrei
die erzürnte Gottheit zu versöhnen glaubte; indessen der Vater, ganz
allein gefasst, die Fensterflügel aufriss und aushob; wodurch er zwar
manche Scheiben rettete, aber auch dem auf den Hagel folgenden Re-
genguss einen desto offnern Weg bereitete, so dass man sich, nach
endlicher Erholung, auf den Vorsälen und Treppen von flutendem
und rinnendem Wasser umgeben sah. *(DuW.1 31:9-24)*

(37) Michael kam endlich, sehnlich erwartet, heran, da ich denn mit dem
Buchhändler Fleischer und dessen Gattin, einer geborenen Triller,
welche ihren Vater in Wittenberg besuchen wollte, mit Vergnügen
abfuhr, und die *werte* Stadt, die mich geboren und erzogen, gleich-
gültig hinter mir ließ, als wenn ich sie nie wieder betreten wollte.
(DuW.2 242:22-27)

(38) Hier verlor sich alles Gespräch in die Betrachtung der Gegend, alsdann wurde die Schärfe der Augen geprüft, und jeder bestrebte sich,
die entferntesten Gegenstände gewahr zu werden, ja deutlich zu unterscheiden. Gute Fernröhre wurden zu Hülfe genommen, und ein
Freund nach dem andern bezeichnete genau die Stelle, die ihm die
liebste und *werteste* geworden; und schon fehlte es auch mir nicht an
einem solchen Plätzchen, das, ob es gleich nicht bedeutend in der
Landschaft hervortrat, mich doch mehr als alles andere mit einem
lieblichen Zauber an sich zog. *(DuW.2 415:12-22)*

In (35) und (38) ist das fakultative Dativobjekt jeweils syntaktisch realisiert, in (34), (36) und (37) dagegen nicht. Der relationale Gebrauch in (34) ist heute nur noch in der formelhaften (und altmodischen) Anrede *werter Herr/Genosse* erhalten. Darüber hinaus kann *wert* auch prädikativ mit einer vagen oder konkreten Maßangabe verwendet werden, eine Verwendungsweise, die mit einem erheblichen Bedeutungsschwund verbunden ist: Ein Auto, das 100 Euro wert ist, ist gerade nicht *wert* im ursprünglichen Sinne :

(39) Ich hatte mich keines Kleids bei ihm zu getrösten, weil er selbst über und über zerflickt daherging, gleichsam wie mein Einsiedel; so war sein Sattel und Zeug auch kaum drei Batzen *wert* und das Pferd von Hunger so hinfällig, dass sich weder Schwed noch Hess vor seinem dauerhaften Nachjagen zu fürchten hatte. *(Simplicissimus, Das zweite Buch, 29. Kapitel, 189)*

(40) Also machte ichs aller Orten und überkam dadurch einen großen Ruf, und je mehr ich ausgab und verspendierte, je mehr flossen mir Beuten zu, und bildet ich mir ein, dass ich diesen Ring, wiewohl er bei hundert Reichstaler *wert* war, gar wohl angelegt hätte. *(Simplicissimus, Das zweite Buch, 31. Kapitel, 205)*

Dieser prädikative Gebrauch mit einer Maßangabe ist heute der einzig mögliche. Mit anderen Worten: Heute ist *wert* immer noch zweistellig, jedoch hat eine Spezialisierung auf ein quantifizierbares Argument stattgefunden:

(41a) *Das Buch ist nicht viel wert.*

(41b) *Sein Aktiendepot ist 10 000 Euro wert.*

Kommen wir nun zu einem Bedeutungswandel infolge ironischen Gebrauchs, nämlich zu den intensivierenden Verwendungsweisen der Adjektive *ordentlich, anständig* und *gehörig*. Die Ironie unterscheidet sich von der Metapher und der Metonymie grundsätzlich dadurch, dass sie kein Verfahren der Zeichenbildung ist, sondern ein rhetorisches Mittel. Ironie findet auf der Diskursebene statt und ist somit im Interpretationsprozess der Metapher und der Metonymie nachgelagert: Wer die Äußerung *Lotte ist das Sahnehäubchen der Familie* als ironi-

sche verstehen will, muss sie erst als metaphorische verstanden
haben. Metapher und Ironie liegen also nicht auf der gleichen
Ebene. Sich ironisch äußern ist verwandt mit lügen. Allerdings
ist der Ironiker, auch wenn er – wörtlich interpretiert – die Un-
wahrheit sagt, kein Lügner. Der Ironiker will spielen, nicht täuschen. Wer lügt, tut so, als würde er die Wahrheit sagen; wer
ironisch redet, tut so, als würde er lügen. Oder anders ausgedrückt: Der Lügner gibt mir eine Äußerung, die auf den ersten
Blick aussieht wie eine wahre; doch wenn ich sie durchschaue,
entlarve ich sie als Lüge. Der Ironiker hingegen gibt mir eine Äußerung, die auf den ersten Blick aussieht wie eine Lüge; doch
wenn ich sie durchschaue, entlarve ich sie als Ironie. Kurz: Die
Lüge ist eine Simulation der Wahrheit und die Ironie eine Simulation der Lüge.[42] Kommen wir nun zurück zu unseren Adjektiven. Ihr Bedeutungswandel scheint auf eine ironische Untertreibung zurückzugehen, die als Übertreibung interpretiert
wird. Bei Goethe kommen diese Adjektive ausschließlich in
Kontexten vor, die etwas mit geläufigen Normvorstellungen zu
tun haben. Was *ordentlich* ist, entspricht der Ordnung (42),
das, was *anständig* ist, entspricht dem Anstand (43), und was
gehörig ist, entspricht dem, was sich gehört (dem Gehorsam gegenüber der Normvorstellung (44)):

(42) Besonders war er unerschöpflich, einzelne Menschen komisch darzustellen; wie er denn an dem Äußeren eines jeden etwas auszusetzen
fand. So konnte er sich, wenn wir zusammen am Fenster lagen, stun-
denlang beschäftigen, die Vorübergehenden zu rezensieren und,
wenn er genugsam an ihnen getadelt, genau und umständlich anzuzeigen, wie sie sich eigentlich hätten kleiden sollen, wie sie gehen, wie
sie sich betragen müssten, um als *ordentliche* Leute zu erscheinen.
(DuW.2 299:10-17)

(43) Mein Gemüt war von Natur zur Ehrerbietung geneigt, und es gehörte
eine große Erschütterung dazu, um meinen Glauben an irgendein
Ehrwürdiges wanken zu machen. Leider hatte man uns die guten Sit-
ten, ein *anständiges* Betragen, nicht um ihrer selbst, sondern um der
Leute willen anempfohlen; was die Leute sagen würden, hieß es im-

---

42 Cf. Lapp 1992.

mer, und ich dachte, die Leute müssten auch rechte Leute sein, würden auch alles und jedes zu schätzen wissen. *(DuW.1 47:27-34)*

(44) Auch für uns ward ein großer Friedericischer Flügel angeschafft, den ich, bei meinem Klavier verweilend, wenig berührte, der aber meiner Schwester zu desto größerer Qual gedieh, weil sie, um das neue Instrument *gehörig* zu ehren, täglich noch einige Zeit mehr auf ihre Übungen zu wenden hatte; wobei mein Vater als Aufseher, Pfeil aber als Musterbild und antreibender Hausfreund abwechselnd zur Seite standen. *(DuW.1 120:22-29)*

So sind diese Adjektive heute immer noch verwendbar. Darüber hinaus können sie aber auch in bestimmten Kontexten mit intensivierender Funktion verwendet werden:

(45) *Egon bekam eine ordentliche / anständige/ gehörige Tracht Prügel.*

Es handelt sich hierbei, wie bereits erwähnt, um eine ehemalige ironische Untertreibung, die als Übertreibung zu interpretieren ist und mittlerweile den Prozess der Lexikalisierung durchlaufen hat. Wobei die Lexikalisierung von *gehörig* weiter fortgeschritten ist als bei den anderen beiden Adjektiven.

Das DWb datiert die intensivierende Verwendungsweise zu Beginn des 19. Jahrhunderts und erklärt ihr Entstehen aus einer Übertreibung:

(...) z. b. *die Suppe ist gehörig gesalzen*, eigentlich: wie sichs gehört, mit einem eignen nachdruck gesprochen aber. sie ist zu sehr gesalzen, auch *gehörig versalzen*, stark, sehr. entstanden ist diese steigerung oder übertreibung des begriffes (wie bei *ordentlich, ziemlich* u. ähnl.) in fällen wie etwa bei einer schadhaften mauer, die *gehörig gestützt* werden musz, wobei man denn mehr thut als eben im eigentlichen sinne gehörig, zweckentsprechend ist, oder wenn man eine ungebür *gehörig straft*.[43]

Die oben genannten Adjektive konnten ihre ironische Lesart nur in bestimmten Kontexten erhalten, nämlich nur in solchen, in denen es gar keine Norm gibt, z. B. beim Trinken, Tanzen, Prügeln. Wenn es eine Norm gibt, ist die wörtliche Interpretation sinnvoll und eine ironische kommt damit nicht in Fage: *Er hat die Mauer ordentlich/anständig verfugt.* Dass in diesem Kon-

---

43 DWb 5: 2529.

text *gehörig* nicht verwendbar ist, liegt daran, dass es bereits vollständig in seiner intensivierenden Funktion lexikalisiert ist. Das Muster, nach dem sich diese Intensivierer herausgebildet haben, ist auch heute noch produktiv. Wir können beispielsweise in all unseren Beispielen *ordentlich* durch *richtig* ersetzen. Vielleicht taucht auch bald schon *exakt* oder *akkurat* in diesem Verwendungsrahmen auf. Möglicherweise entwickeln alle Adjektive, die ursprünglich Normkonformitätvorstellungen bezeichnen, eine intensivierende Verwendungsweise.

Ein anderer Fall von einem Bedeutungswandel infolge ironischer Verwendung ist *gefälligst*.

(46) *Könntest du gefälligst die Tür hinter dir zumachen.*

Gefälligst ist der Superlativ zu dem Adjektiv *gefällig*, das noch zur Goethezeit im Sinne von ‚angenehm, ansprechend' verwendet wird:

(47) Auf diesen geschäftstätigen Mann, welcher wenig las, hatte der „Messias" gleich bei seiner Erscheinung einen mächtigen Eindruck gemacht. Diese so natürlich ausgedrückten und doch so schön veredelten frommen Gefühle, diese *gefällige* Sprache, wenn man sie auch nur für harmonische Prosa gelten ließ, hatten den übrigens trocknen Geschäftsmann so gewonnen, dass er die zehn ersten Gesänge, denn von diesen ist eigentlich die Rede, als das herrlichste Erbauungsbuch betrachtete, und solches alle Jahre einmal in der Karwoche, in welcher er sich von allen Geschäften zu entbinden wusste, für sich im stillen durchlas und sich daran fürs ganze Jahr erquickte. *(DuW.1 80:22-33)*

(48) Dieser, kein geborner Frankfurter, aber ein tüchtiger Jurist und Geschäftsmann, besorgte die Rechtsangelegenheiten mehrerer kleinen Fürsten, Grafen und Herren. Ich habe ihn niemals anders als heiter und *gefällig* und über seinen Akten emsig gesehen. *(DuW.1 114:12-16)*

(49) Sie war zart gebaut, von mittlerer Größe; ein herzliches natürliches Betragen war durch Welt- und Hofart noch *gefälliger* geworden. *(DuW.2 339:2-4)*

(50) Unter den neuen Ankömmlingen befand sich ein Mann, der mich besonders interessierte; er hieß Jung, und ist derselbe, der nachher

unter dem Namen Stilling zuerst bekannt geworden. Seine Gestalt, ungeachtet einer veralteten Kleidungsart, hatte, bei einer gewissen Derbheit, etwas Zartes. Eine Haarbeutelperücke entstellte nicht sein bedeutendes und *gefälliges* Gesicht. *(DuW.2 370:8-14)*

Darüber hinaus hat *gefällig* mit dem Hilfsverb *sein* und einem Dativobjekt die Lesart ,jemandem eine Gefälligkeit erweisen':

(51) Er glaubte mich dadurch immer mehr zur Bestimmtheit zu nötigen, und um ihm *gefällig* zu sein, zeichnete ich mancherlei Stillleben, wo ich, indem das Wirkliche als Muster vor mir stand, deutlicher und entschiedener arbeiten konnte. *(DuW.2 347:37-348:2)*

Gefälligst wird dementsprechend bis ins 19. Jahrhundert hinein als Adverb und besonderer Ausdruck der Höflichkeit verwendet und zwar im Sinne von ,freundlichst, als Gefälligkeit':

(52) Hierauf fragte der Graf F., indem er sich zum Kommandanten wandte, ob er ihm *gefälligst* sein Zimmer anweisen wolle. *(Kleist, Heinrich: Die Marquise von O, zitiert nach Paul* [9]*1992: 318-319)*

Die Entwicklung zu dem heutigen Gebrauch von *gefälligst*, das einen Unwillen zum Ausdruck bringt und auf Aufforderungssätze beschränkt ist, lässt sich dann folgendermaßen rekonstruieren:

„Was in Aufforderungen v. a. sozial höher gestellter Personen immer wieder als Ausdruck von Höflichkeit erschien, mag später zunächst in abgeschwächter Bed. als freundlich-saloppes Drängen, dann aber als deutliche Ausübung von Druck verstanden worden sein, daher (...) Abtön.part. ,Sprecher zeigt an, dass die betreffende Handlung des Hörers nach seiner Ansicht schon früher erwartbar u. geboten war, u. verlangt daher ihre sofortige Ausführung' (wohl um 1900): (...) *Stellen Sie sich gefälligst nicht so an!* (...) *Reden Sie gefälligst!* (...) *Lassen Sie mich gefälligst los!* (...)."[44]

Da ironisch (etwas übertrieben) Freundlichkeit als Unfreundlichkeit zu interpretieren ist, gewinnt *gefälligst* mit der Zeit die Funktion des harschen Nachdrucks. In dieser Bedeutung ist *gefälligst* so weit lexikalisiert, dass man sich eine Verwendung in

---

44 Paul [9]1992 : 319.

seiner alten Funktion nur noch aus dem Munde eines älteren Wiener Oberkellners vorstellen kann: *Der Herr, noch ein Glas Wein gefälligst?*

2.5 Zusammenfassung

In diesem Kapitel haben wir uns mit den sprachlichen Mitteln beschäftigt, mit denen Sprecher ihre Intentionen in der alltäglichen Kommunikation umzusetzen versuchen und die als Folge einen Bedeutungswandel zeitigen können. Bei einigen Adjektiven unseres Korpus lässt sich die festgestellte semantische Veränderung am ehesten als semantische Differenzierung beschreiben. Dabei wird das entsprechende Lexem in einem bestimmten Kontext dahingehend modifiziert, dass der früheren Bedeutung eine spezifische Komponente hinzugefügt wird. Spielt sich die differenzierte Interpretation ein, entsteht eine neue Bedeutungsvariante des entsprechenden Lexems. Dies gilt für *rüstig, brav, artig, ehrlich, witzig, zudringlich, zweideutig* und Farbadjektive wie *braun* oder *blau*. In all diesen Fällen wurde jeweils die ältere, allgemeinere Bedeutung aufgegeben und hat sich die neuere, spezifischere durchgesetzt. Es liegt also keine Polysemie vor.

Weitere Adjektive, die wir in diesem Kapitel betrachtet haben, von *groß* und *klein* über *blöde, schlicht, gestrig, kindisch* und *fabelhaft* bis hin zu *irre* und *geil* haben eines gemeinsam: Mit ihrem metaphorischen Bedeutungswandel geht stets einher, dass die Bedeutung einen evaluativen Aspekt erhält. Wer einen Menschen als *blöde* beurteilt, attestiert ihm nicht nur einen unterdurchschnittlichen IQ, sondern bringt ihm gegenüber zugleich eine verachtende Haltung zum Ausdruck. Und wer die Ansichten eines Menschen als *gestrig* bezeichnet, sagt nicht nur, dass sie konservativ sind, sondern auch, dass er sie in ihrer Konservativität missbilligt. Bei den Adjektiven, die eine so genannte evaluativ-expressive Bedeutungsvariante bekommen haben, ist dieser Aspekt prädominant: Wer eine Frau *irre* nennt, sagt nichts über ihre Eigenschaften, er drückt lediglich seine emphatische Begeisterung aus. Der deskriptive Bedeutungsanteil ist auf null reduziert. Die Metaphorisierung von Adjektiven ist eine Methode, mit deren Hilfe wir unser Repertoire der evaluativen sprachlichen Mittel erheblich erweitern können. Alle Primäradjektive, wie *kalt, bitter, süß, sauer, hart, weich* usw. erlauben eine metaphorische Übertragung – wobei einige davon bereits mehr oder weniger lexikalisiert sind – und stets hat der metaphorische Sinn einen evaluativen Anteil. Nur *gut* und *schön* lassen sich nicht metaphorisch verwenden. Das liegt vermutlich daran, dass diese Adjektive keine Eigenschaften denotieren, die sich metaphorisch übertragen ließen. Sie sind schon rein evaluativ. (Eine gute Mutter und eine gute Wurst haben nicht eine Eigenschaft gemeinsam – die der Güte; es sind vielmehr verschiedene spezifische Eigenschaften, die eine Mutter und eine Wurst zu einer jeweils guten machen. Wir kommen darauf in Kapitel 4.5 zurück.)

Im Gegensatz zur Metapher findet die metonymische Bedeutungsverschiebung in einem einzigen komplexen Bezugsrahmen statt. Innerhalb dieses Bereichs kann dann die eine Komponente für eine andere oder gar für den gesamten Bereich stehen. Die metonymischen Muster, die dem Bedeutungswandel von Adjektiven zugrunde liegen, lassen sich am ehesten mit Hilfe von Konditionalsätzen (‚wenn x, dann y‘) bzw. Konsekutivsätzen (‚so x, dass y‘) paraphrasieren. Der nicht wörtliche Sinn des entsprechenden Adjektivs wird dabei durch eine im Nebensatz ausgedrückte Bedingung oder Folge erschlossen. Mit anderen Worten: Zwischen alter und neuer Bedeutung besteht ein konditionales bzw. konsekutives Verhältnis. Beispiele für einen Bedeutungswandel aufgrund metonymischer Bedeutungsverschiebungen sind u. a. *überflüssig, vorläufig, gemein, ungemein, gewöhnlich, merkwürdig, gemütlich, lächerlich.* Sie zeigen, dass auch die Metonymisierung von Adjektiven genutzt wird, um unser Repertoire der evaluativen sprachlichen Mittel zu erweitern. Auch der metonymische Sinn von Adjektiven wie *gemein, gewöhnlich, lächerlich, überflüssig* hat einen evaluativen

Anteil. Allein bei *barock* führt die metonymische Verschiebung zu einer rein deskriptiven Bedeutungsvariante.

In diesem Kapitel haben wir schließlich einige Sonderentwicklungen betrachtet und diese in individuelle Fälle und semantische Veränderungen aufgrund ironischer Verwendungsweisen unterteilt. Zu den Einzelphänomen zählen *bequem*, *umständlich*, *teuer* und *billig*, Adjektive, die aufgrund einer ironischen Verwendungsweise heute auch als Intensivierer fungieren, sind *ordentlich*, *anständig* und *gehörig*. Ein besonderer Fall ironischen Sprachgebrauchs ist schließlich *gefälligst*. All diesen Beispielen ist gemeinsam, dass ihre Bedeutungsentwicklung nicht allein auf eines der zuvor genannten Muster zurückgeführt werden kann; vielmehr spielen bei ihnen weitere Aspekte der Grammatik (Argumentreduktion) bzw. der Rhetorik (Ironie) eine Rolle.

3. Folgen des Bedeutungswandels

3.1 Mehrdeutigkeit

In diesem Kapitel wollen wir uns neben Polysemie und Homonymie vor allem dem Verlust von Bedeutungsvarianten zuwenden. Sprecher neigen dazu, den Gebrauch eines mehrdeutigen Wortes in einer seiner Bedeutungen zu vermeiden, wenn sie mögliche Missverständnisse antizipieren. Eine solche Vorsorgemaßnahme kann dazu führen, dass eine Bedeutungsvariante sehr schnell aus dem Sprachgebrauch und damit letztlich auch aus der Sprache verschwindet. Je mehr Sprecher den Gebrauch einer Variante vermeiden, desto größer wird das Risiko, missverstanden zu werden, wenn man sie dennoch verwendet. Denn je seltener eine Gebrauchsvariante ist, desto größer ist die Wahrscheinlichkeit, dass der Adressat diese Variante nicht (mehr) kennt; und auch wenn er sie kennt, wächst damit die Wahrscheinlichkeit, dass er dem Sprecher unterstellt, die frequentere Variante gemeint zu haben. Wir haben es hier mit einem selbstbeschleunigenden Prozess zu tun.

In Kapitel 1.3 machten wir deutlich, dass es sehr wichtig ist zu unterscheiden zwischen dem, was ein Wort bedeutet und dem, was ein Sprecher in einer bestimmten Situation damit meint. Was man lernt, wenn man eine Sprache lernt, ist (unter anderem) die Bedeutung der Wörter, und was man versteht, wenn man eine Äußerung versteht, ist der Sinn kontextspezifischer Verwendungen bestimmter Wörter. Es gibt unterschiedliche Terminologien für diese Unterscheidung: Manche reden von Langue-Bedeutung und Parole-Bedeutung, andere von lexikalischer Bedeutung und Kontext-Bedeutung; wir verwenden den Ausdruck *Bedeutung* für die Langue-Bedeutung und den Ausdruck *Sinn* für die Parole-Bedeutung. Es ist wichtig, darauf hinzuweisen, dass Bedeutung und Sinn völlig verschiedene Kategorien sind. Die Bedeutung eines Ausdrucks ist eine Gebrauchsregel: ‚Das Wort *heiß* dient dazu, eine Temperatur zu charakterisieren, die so hoch ist, dass ein Körperkontakt gefährlich ist, mindestens aber als unangenehm empfunden wird‘. Oder: ‚Wenn du auf den Tag, der der Sprechzeit vorausgeht, hinweisen willst, so kannst du das Wort *gestern* verwenden‘. Der Sinn einer Wortverwendung ist die kommunikative Absicht, die der Sprecher mit dieser Verwendung zu realisieren trachtet. „Es war meine Absicht, mit der Äußerung *Der Kaffee ist heiß* ihn darauf hinzuweisen, dass er den Kaffee noch nicht trinken kann, sondern noch ein bisschen warten sollte". Bedeutung und Sinn bestehen nicht in einer Teil-Ganzes-Beziehung, wie manche Kontexteinschränkungstheorie nahe legt, sondern in der Relation Vorschrift – Anwendung der Vorschrift.

Zunächst wollen wir das Problem der Mehrdeutigkeit unter dem Aspekt des Bedeutungswandels besprechen. Der Ausdruck *Mehrdeutigkeit* ist natürlich – ohne vorherige terminologische Klärung – selbst mehrdeutig. Drei Fälle kann man unterscheiden:

1. Ein Ausdruck kann mehr als eine Bedeutung in dem oben definierten Sinne haben. Dies ist beispielsweise der Fall bei den Ausdrücken:

(1) *Ich brauche für mein Rad einen neues Schloss. / Das Schloss zu Benrath bedarf dringend einer Restaurierung.*

(2) *In dem Häuschen lebten sieben Zwerge. / Wir müssen den Sand fein sieben.*

(3) *Hast du mich verstanden? Ja! / Wir haben das ja gestern schon besprochen.*

2. Ein Ausdruck hat nur eine Bedeutung, kann jedoch, je nach Kontext, in verschiedenem Sinne verwendet werden. Dies trifft auf nahezu alle Ausdrücke zu. Trotzdem wollen wir zur Verdeutlichung auch hier drei Beispiele geben:

(4) *Das Buch liegt unter der Zeitung. / Er arbeitet unter einem neuen Chef.*

(5) *Er kommt morgen aus Paris zurück.* / *Deine Bauchschmerzen kommen vom fetten Essen.*

(6) *Der Landtag berät den neuen Gesetzentwurf.* / *Der Landtag befindet sich auf dem rechten Rheinufer.*

3. Ein Ausdruck kann in einer gegebenen Äußerung mehr als einen Sinn haben, d. h. er kann auf mehrfache Weise interpretierbar sein:

(7) *Algerien ist eine heiße Gegend.*

(8) *Wie heißt du eigentlich?*

(9) *Wir wissen um die Bedeutung des Wortes ‚rein' in Goethes Spätwerk.*

Alle drei Fälle können beim Bedeutungswandel eine Rolle spielen. Betrachten wir nun die drei Fälle der Reihe nach.

Bei den Beispielen (1) – (3) handelt es sich um Mehrdeutigkeit im eigentlichen Sinne. Dabei unterscheidet man jedoch traditionellerweise zwei Typen: In den Beispielen (1) und (3) liegt Polysemie vor, in Beispiel (2) hingegen Homonymie. Als Unterscheidungskriterium wird im Allgemeinen das Wissen um die etymologische Verwandtschaft angesehen: Wenn ein Wort zwei systematisch unterschiedene Bedeutungen hat und die eine historisch von der anderen ableitbar ist, und wenn diese Bedeutungsverwandtschaft im allgemeinen Sprachbewusstsein präsent ist, so spricht man von Polysemie. Wenn zwei verschiedene Wörter, die keine (erkennbare) gemeinsame sprachgeschichtliche Herkunft haben, gleich lauten, so liegt Homonymie vor. Eine Schwäche dieser Unterscheidung ist natürlich das Kriterium der Präsenz im „allgemeinen Sprachbewusstsein". Darüber, dass das Zahlwort *sieben* und das Verb *sieben* zwei Wörter sind, die zufällig gleich klingen und somit Homonyme sind, wird man unter Deutschsprechern leicht Einigkeit erzielen können; ebenso darüber, dass die beiden Verwendungsweisen von *Schloss* eine gemeinsame Herkunft haben und *Schloss* somit polysem ist. Die Frage, ob die zu beurteilenden Wörter verschiedenen Wortarten angehören, scheint dabei keine Rolle zu spielen. Die Antwortpartikel *ja* und die Modalpartikel *ja* in Beispiel (3) gehören verschiedenen syntaktischen Kategorien an und werden dennoch als *polysem* und nicht als *homonym* eingeschätzt. Wenn wir aber fragen, ob in den folgenden Fällen Polysemie oder Homonymie vorliegt, so gehen die Meinungen sicherlich auseinander: *Stil* (des Schriftstellers) und *Stiel* (des Besens) – beide gehen auf lat. *stilus* ‚Stab, Griffel' zurück – oder *Kapelle* (‚Gruppe von Musikern') und *Kapelle* (‚Kirchenraum') – beide sind von ml. *capella* ‚kleiner Mantel' abgeleitet. Kurzum, die Definition der Unterscheidung von Polysemie und Homonymie ist „windig" aber in der Praxis tut sie meist doch ihre Dienste, und deswegen werden wir sie hier auch nutzen.

Auch die Frage, ob ein Beispiel eher in die erste Gruppe gehört oder eher in die zweite, ist nicht immer ganz klar zu entscheiden. Hier liegen die Gründe im Bedeutungswandel selbst. Eine neue Bedeutung entsteht im Allgemeinen, wie wir gesehen haben, dadurch, dass ein Wort zunächst in einem neuen Sinn – beispielsweise in einem metaphorischen wie in (4) – verwendet wird. Wenn dieses Wort dann hinreichend frequent in diesem neuen Sinn verwendet wird, so schließen die Sprecher mit der Zeit darauf, dass diese Verwendung einer (neuen) Bedeutungsregel entspricht. Das heißt, der Übergang von einem kontextspezifischen Sinn zu einer neuen lexikalischen Bedeutung geschieht nicht wie der Übergang von Sommerzeit auf Winterzeit. Es ist vielmehr ein kontinuierlichen Prozess, der auch nicht bei allen Sprechern gleichzeitig ablaufen muss. Was für den Einen (die eine Gruppe) bereits lexikalisiert ist, kann für den Anderen (die andere Gruppe) noch kontextspezifisch sein. Deshalb kann man durchaus geteilter Meinung darüber sein, ob in den Sätzen

(10a) *Der Landtag berät den neuen Gesetzentwurf.*

(10b) *Der Landtag befindet sich auf dem rechten Rheinufer.*

das Substantiv *Landtag* in zwei verschiedenen Bedeutungen vorkommt oder ob *Landtag* in (10b) lediglich in metonymischem Sinn verwendet wurde. Wer die erste Meinung vertritt, nimmt an, dass die Metonymie bereits lexikalisiert und *Landtag* ein polysemes Substantiv ist. Wer die zweite Meinung vertritt, hält *Landtag* für eindeutig und beschreibt den Sinn-Unterschied zwischen (10a) und (10b) mit Hilfe des in Kapitel 2.3 beschriebenen metonymischen Prozesses. Generell halten wir es für eine gute und angemessene Strategie, mit der Zuschreibung mehrerer bzw. neuer Bedeutungen eher sparsam umzugehen, d. h. die so genannte bedeutungsminimalistische Position einzunehmen. In Beispiel (4) wird *unter* einmal verwendet, um eine räumliche Relation, und einmal, um eine hierarchische Relation anzugeben. Die zweite Verwendung lässt sich als metaphorischer Gebrauch der Präposition beschreiben.

Bei der dritten Gruppe handelt es sich um ambige, d. h. mehrdeutige Aussagen. Ambiguität kann unterschiedliche Ursachen haben: In (7) kommt sie dadurch zustande, dass das Adjektiv *heiß* sowohl in wörtlicher Interpretation (,ein Land, in dem hohe Temperaturen herrschen') Sinn macht, als auch in metaphorischer Interpretation (,ein gefährliches Land'). In (8) und (9) hingegen wird die Ambiguität des Sinns dadurch erzeugt, dass Wörter mit zwei Bedeutungen verwendet werden. Das Wort *eigentlich* kann entweder – wenn man es betont – als Adverb angesehen werden wie in folgendem Satz: *Voltaire hieß eigentlich Francois Marie Arouet.* Und es kann – unbetont – alternativ dazu als Modalpartikel angesehen werden, wie in folgendem Satz: *Ich kenne deinen Namen immer noch nicht; wie heißt du eigentlich? Eigentlich* gehört also zwei verschiedenen syntaktische Klassen an und hat schon deshalb auch zwei verschiedene Bedeutungen. In (9) kann man das Wort *Bedeutung* in zweierlei Sinn interpretieren, weil das Wort selbst zwei Bedeutungen hat. *Bedeutung* kann zum einen dazu dienen, die wichtige Funktion eines Gegenstands zu charakterisieren, wie etwa in dem Ausdruck *die Bedeutung Konrad Adenauers für die Bundesrepublik Deutschland* oder es kann, wie in vorliegendem Text allenthalben, als linguistischer bzw. sprachphilosophischer Terminus zur Bezeichnung der semantischen Funktion eines Ausdrucks in der Sprache verwendet werden. Das Wort *Bedeutung* ist also polysem. Beide Bedeutungen ergeben in Satz (9) einen Sinn.

3.2 Polysemie

Die Polysemie von Wörtern wie *Bedeutung, ja, Schloss* oder *eigentlich* hat auf den Sprachwandel so lange keinen Einfluss, wie die Verwendungsbereiche so deutlich verschieden sind, dass Sätze wie (8) und (9) in der kommunikativen Wirklichkeit so gut wie nicht vorkommen. In der Tat sind unsere Beispiele ja sehr konstruiert, und man muss schon ein wenig nachdenken, um überhaupt geeignete plausible Sätze dieser Art zu finden. Polysemie entsteht normalerweise auf dem Wege des Bedeutungswandels: Ein Wort bekommt – etwa durch Metaphorisierung oder Metonymisierung – mit der Zeit eine neue konventionalisierte Bedeutungsvariante, und die alte Bedeutung bleibt erhalten. So wurde etwa das Wort *Mutter* auf dem Wege der Metaphorisierung zu einer Bezeichnung für das Gegenstück einer Schraube. Diese neue Verwendungsweise konfligiert natürlich in keiner Weise mit der alten, so dass beide friedlich nebeneinanderher leben können (zumal die Pluralbildungen verschieden sind). Bei den Adjektiven ist eine solche Situation, wie wir gesehen haben, eher die Ausnahme. *Brav* heißt heute nicht sowohl ‚tapfer‘ als auch ‚gehorsam‘, *blöde* heißt nicht sowohl ‚schwach‘ als auch ‚dumm‘, und *überflüssig* bedeutet nicht sowohl ‚reichlich‘ als auch ‚unnötig‘. Woran liegt das? Das liegt daran, dass die Verwendungsbereiche für beide Bedeutungen weitgehend identisch sind: Alles was potenziell gehorsam genannt werden kann, könnte auch tapfer sein, und alles was dumm sein kann, kann auch schwach sein. Das heißt, in der normalen Alltagskommunikation wäre es enorm unpraktisch, ein Wort zu haben, das sowohl ‚dumm‘ als auch ‚schwach‘ bedeutet. Der Sprecher müsste, wenn er *blöde* im Sinne von ‚schwach‘ verwenden wollte, immer dafür sorgen, dass er nicht im Sinne von ‚dumm‘ missinterpretiert wird. Das wäre so aufwendig – und außerdem auch gefährlich – dass es einfacher und sicherer ist, das Adjektiv *blöde* gar nicht erst im Sinne von ‚schwach‘ zu verwenden. Genau das haben die Leute getan.

Und genau deshalb sagen wir heute, die Bedeutung des Wortes *blöde* habe sich von ,schwach' zu ,dumm' gewandelt. In Wahrheit ist die Verwendung im Sinne von ,dumm' zu der von ,schwach' hinzugekommen, und die Verwendung im Sinne von ,schwach' ist dann in dem Maße seltener geworden, in dem die im Sinne von ,dumm' zugenommen hat. Mit Sicherheit gab es eine Übergangszeit, in der die Verwendung im Sinne von ,schwach' noch möglich, aber schon riskant war.

Wenn wir die Adjektive, deren Bedeutungsentwicklung wir untersucht haben, noch einmal Revue passieren lassen, so stellen wir fest, dass nur wenige polysem geworden sind. Wir können sie in drei Gruppen einteilen:

Zur Gruppe 1 gehören: *schlicht, gestrig, gewöhnlich* und *bequem*. Bei diesen vier Adjektiven sind die Verwendungsbereiche klar getrennt nach dem Kriterium ,menschlich vs. nicht menschlich'. Auf Menschen oder menschliche Eigenschaften bezogen haben sie negativ-evaluative Bedeutungsanteile bekommen: *schlichtes Gemüt, gestrige Ansichten, gewöhnliche Person, bequemer Mensch*. Auf nicht menschliche Referenten bezogen werden sie nach wie vor wertneutral verwendet: *schlichte Wohnzimmereinrichtung, gestriger Tag, gewöhnliches Ereignis, bequemer Sessel*. Die Polysemie konnte sich dadurch halten und etablieren, dass die Sprecher irgendwann – wie bei *blöde* – um Missverständnisse oder Schlägereien zu vermeiden, damit aufhörten, *schlicht, gestrig, gewöhnlich* und *bequem* im neutralen Sinne auf Menschen anzuwenden, in den unbedenklichen Kontexten diesen Gebrauch jedoch beibehielten. Man kann generell sagen: Wenn ein Ausdruck für einen bestimmten Anwendungsbereich eine bewertende Bedeutungsvariante bekommt, geht für diesen Bereich die alte Bedeutung verloren – und zwar aus den genannten Gründen.

Zu Gruppe 2 gehören: *historisch* und *ordentlich*. Bei diesen beiden Adjektiven ist die Bereichsgrenze nicht so klar abgesteckt, wie bei der ersten Gruppe. Im Falle von *historisch* sorgt oft das Tempus für hinreichende Klarheit, welche der beiden Versionen gemeint ist: *Die Fußballweltmeisterschaft 1954 war/ist ein historisches Ereignis.* Die Wahl des Präteritum legt nahe, dass die Interpretation im Sinne von ‚bedeutsam' die intendierte ist, die des Präsens legt die ältere Interpretation im Sinne eines der Geschichte angehörigen Ereignisses nahe. Im Falle von *ordentlich* sind Missverständnisse dadurch unwahrscheinlich, dass die Tätigkeitsbereiche, in denen es keinen Qualitäts- oder Ordnungsstandard gibt, einigermaßen deutlich abgegrenzt sind von denen, in denen Ordnung herrscht: *Zieh dich mal ordentlich an.* vs. *Sauf dir mal ordentlich die Hucke voll.*

Gruppe 3 umfasst die Adjektive *zweideutig, gemein, dramatisch* und *billig.* Sie haben neben ihrer umgangssprachlichen Bedeutung noch eine jeweils fachsprachliche. Die Anwendungsbereiche sind dadurch ebenfalls hinreichend klar unterschieden. Linguistik: *ein zweideutiges Lexem*; Biologie: *die gemeine Sumpfdotterblume*; Literaturwissenschaft: *die dramatische Neubearbeitung des Stoffes*; Recht: *jeder billig und gerecht denkende Mensch.*

Zusammenfassend können wir also sagen: Die Kommunikationsmaxime „Rede so, dass du nicht missverstanden wirst" führt gemeinhin dazu, dass die neutrale Bedeutung verloren geht, wenn sich eine evaluative Bedeutung etabliert. Nur dann, wenn beide Verwendungsweisen hinreichend klar unterschiedene Verwendungsbereiche haben, können beide nebeneinander koexistieren, so dass dann Polysemie entsteht.

3.3 Homonymie

Als das entscheidende Kennzeichen der Polysemie haben wir oben herausgestellt, dass die Bedeutungsvarianten eines Lexems miteinander verwandt sein müssen. Nicht metaphorisch ausgedrückt: Zwischen den Bedeutungsvarianten muss eine semantische Relation (z. B. metaphorischer, metonymischer und differenzierender Art) bestehen, die intersubjektiv nachvollzogen werden kann. Anders verhält es sich bei der Homonymie: Hier handelt es sich um zwei verschiedene, zufällig gleich lautende Lexeme, deren Bedeutungen eben keine derartige semantische Beziehung aufweisen. Das bereits erwähnte Verb *sieben* und das

Zahlwort *sieben,* oder das Verb *sein* und das Pronomen *sein*
sind Beispiele für Homonyme im Deutschen. Solche Homonyme haben freilich auf die Sprachentwicklung keinen un-
mittelbaren Einfluss; da sie verschiedenen Wortarten angehören, sind Missverständnisse, die auf dem Gleichklang beruhen,
höchst unwahrscheinlich. Man muss schon sehr pfiffig sein, um
überhaupt auf so etwas wie das altbekannte Beispiel *Die Kandidaten sind zu sieben* zu kommen. Größer ist die Gefahr natürlich, wenn Homonyme ein und derselben Wortart angehören:
Ton (lat. *tonus* ‚Spannung der Saite') und *Ton* (mhd. *dahe* ‚Ton,
Lehm') oder *Kiefer* (mhd. *kiver* ‚Kinnbacken') und *Kiefer* (ahd.
kienforaha ‚Kien-Föhre'). Aber auch diese Beispiele machen
deutlich, dass homonyme Wörter durchaus friedlich miteinander auskommen können. Es dürfte bei den Homonymen im
Prinzip nicht anders sein als bei den Polysemen: Solange die
Verwendungsbereiche so weit auseinander liegen, dass missverständliche Verwendungen praktisch nicht vorkommen, so lange
gibt es für die Sprecher keinen Anlass, nach alternativen Aus-
drucksmöglichkeiten zu suchen. Wenn aber missverständliche
Redesituationen gehäuft möglich werden, so entsteht das, was
Linguisten einen Homonymenkonflikt nennen. Und in einer
verdinglichenden Redeweise, in der die Sprache selbst zum Ak-
teur stilisiert wird, heißt es dann, ein Homonymenkonflikt
führe zu einer Homonymenflucht – d. h. eines der beiden Homonyme „flieht" bzw. „wird verdrängt" von einem nicht homonymen Ersatzwort. Wenn man nach einer erklärenden Sprachgeschichte strebt, so ist allerdings klar, dass die Redeweise, dass
ein Homonym flieht, weil es mit einem anderen in Konflikt
steht, frei von erklärender Kraft ist. Denn Homonymie ist, wie
unsere Beispiele zeigen, für Sprachwandel weder notwendig
noch hinreichend. Und eine Antwort auf die Frage: *Wann lag
denn ein Homonymenkonflikt vor?* lässt sich offenbar nur im
Nachhinein geben vor dem Hintergrund einer Homonymenflucht, die bereits stattgefunden hat. Eine Theorie mit Erklä-
rungsanspruch muss immer auch eine Antwort finden auf die
Frage *Weshalb kam es denn zu einem so genannten Homonymen-*

*konflikt, und weshalb entstand eine solche Situation gerade zu
dieser Zeit?* Denn gemeinhin ist es ja so, dass zwei Homonyme
friedlich nebeneinander koexistieren, möglicherweise über hun-
derte von Jahren, und dann plötzlich „Homonymenflucht" ein-
setzt. Warum also gerade dann? Ein zweite Frage ist die, weshalb das eine und nicht das andere der beiden Homonyme
„floh". Ist es Zufall, oder lassen sich Motive finden? Wir wollen
uns einen bekannten Fall einer solchen „Homonymenflucht"
genauer anschauen.

Bis ins 19. Jahrhundert hinein gab es im Deutschen ein Paar
von Homonymen, von denen eines mittlerweile „geflohen" ist:
englisch$_1$ ‚aus England stammend, nach Art der Engländer' und
englisch$_2$ ‚engelhaft'. Heute können wir dieses Adjektiv nicht
mehr im Sinne von ‚engelhaft' verwenden (mit Ausnahme der
festen Fügung *der Englische Gruß*), obgleich dies offenbar jahr-
hundertelang problemlos möglich war. Betrachten wir zunächst
zwei Passagen aus dem *Simplicissimus*:

(11) Eben damal bekam Julus von seinem Vater Briefe und in denselbigen
einen scharfen Verweis, dass er so ärgerlich lebe und so schrecklich
viel Gelds verschwende; denn er hatte von den *englischen* Kaufherrn,
die mit ihm korrespondierten und dem Julo jeweils seine Wechsel
entrichteten, alles des Juli und seines Avari Tun erfahren, ohne dass
dieser seinen Herrn bestahl, jener aber solches nicht merkte; (...).
(Simplicissimus, Continuatio, 7. Kapitel, 512)

(12) Nach der Richtschnur derselbigen erfand ich für die Menschen eine
Art zu leben, die mehr *englisch* als menschlich sein könnte, wenn sich
nämlich eine Gesellschaft zusammentäte, beides von verehelichten
und ledigen so Manns- als Weibspersonen, die auf Manier der Wie-
dertäufer allein sich beflissen, unter einem verständigen Vorsteher
durch ihrer Hand Arbeit ihren leiblichen Unterhalt zu gewinnen und
sich die übrigen Zeiten mit dem Lob und Dienst Gottes und ihrer
Seelen Seligkeit zu bemühen; (...) *(Simplicissimus, Das fünfte Buch,
19. Kapitel, 458)*

In (11) wird *englisch*$_1$ ‚aus England stammend' und in (12) *englisch*$_2$ ‚engelhaft' verwendet. Dass diese Homonymie bis in die
Goethezeit fortbestand, zeigen die folgenden Belege:

(13) Damit es uns Kindern aber ja nicht an dem Allerlei des Lebens und Lernens fehlen möchte, so musste sich gerade um diese Zeit ein *englischer* Sprachmeister melden, welcher sich anheischig machte, innerhalb vier Wochen einen jeden, der nicht ganz roh in Sprachen sei, die englische zu lehren und ihn so weit zu bringen, dass er sich mit einigem Fleiß weiterhelfen könne. *(DuW.1 122:33-39)*

(14) Der Messias, ein Name, der unendliche Eigenschaften bezeichnet, sollte durch ihn aufs neue verherrlicht werden. Der Erlöser sollte der Held sein, den er, durch irdische Gemeinheit und Leiden, zu den höchsten himmlischen Triumphen zu begleiten gedachte. Alles, was Göttliches, *Englisches*, Menschliches in der jungen Seele lag, ward hier in Anspruch genommen. *(DuW.2 398:15-21)*

(15) Er glaubte in der Natur, der belebten und unbelebten, der beseelten und unbeseelten, etwas zu entdecken, das sich nur in Widersprüchen manifestierte und deshalb unter keinen Begriff, noch viel weniger unter ein Wort gefasst werden könnte. Es war nicht göttlich, denn es schien unvernünftig, nicht menschlich, denn es hatte keinen Verstand, nicht teuflisch, denn es war wohltätig, nicht *englisch*, denn es ließ oft Schadenfreude merken. Es glich dem Zufall, denn es bewies keine Folge, es ähnelte der Vorsehung, denn es deutete auf Zusammenhang. *(DuW.4 175:23-32)*

Welches die Gründe dafür waren, weshalb diese Homonymie dazu führte, dass *englisch*$_2$ aus dem Wortschatz verschwand, können wir nur vermuten. Die lange Koexistenz war offenbar deshalb möglich, weil die Verwendungsbereiche dieser beiden Adjektive hinreichend verschieden waren. Wir vermuten, dass auch beide Adjektive nicht gerade sehr frequent waren. Das eine wurde im Wesentlichen in religiösen Kontexten verwendet, und von England gab es bis ins 19. Jahrhundert hinein nicht allzu viel zu sagen. So lange nur von englischen Kaufleuten, der englischen Sprache und Dichtung und von englischen Pferden die Rede war, gab es kein Potenzial zu Missverständnissen. Diese Situation muss sich gegen Mitte des 19. Jahrhundert aber geändert haben. Wie man aus der darstellenden Kunst weiß, verkörperte um diese Zeit eine gewisse „Engelhaftigkeit" das Idealbild der Frau. Vielleicht hat dies die Zahl der Verwendungsanlässe von *englisch*$_2$ im metaphorischen Sinne erhöht.

Gleichzeitig begann in England ein Wirtschaftsaufschwung im Zuge der Industrialisierung. Möglicherweise hat der Import englischer Güter die Frequenz von *englisch*$_1$ ‚aus England stammend' deutlich erhöht. Diese beiden Faktoren zusammen genommen können ausreichend gewesen sein, zum einen die Frequenz von *englisch* zu erhöhen und zum anderen die Bereiche so zu vermischen (*englische Tugenden, englisches Aussehen*), dass ein bis dahin schlafendes Konfliktpotenzial auf einmal virulent wurde. Weshalb haben die Sprecher schließlich vorgezogen, auf den Gebrauch von *englisch*$_2$ zu verzichten und nicht auf den von *englisch*$_1$? Als Alternative zu *englisch*$_1$ hätte sich *engländisch* angeboten. Aber diese Variante galt Mitte des 19. Jahrhunderts bereits als veraltet, und ein Wort, das bereits als veraltet gilt, kann allenfalls noch im ironischen Sinne wiederbelebt werden. Für *englisch*$_2$ hingegen standen aufgrund seiner Ableitungsnähe zu *Engel* alle Wortbildungsalternativen zur Verfügung: *engelgleich, engelhaft, Engeln gleich* etc. Mit anderen Worten, es war angesichts gegebener sprachlicher Bedingungen für einen Sprecher der damaligen Zeit (und auch noch der heutigen) viel einfacher, zu *englisch*$_2$ eine Ausdrucksalternative zu finden als für *englisch*$_1$. Es ist auch durchaus möglich, dass eine Missinterpretation in die eine Richtung weniger peinlich ist als eine in die andere. Wer den englischen Gruß für einen Gruß aus England hält, bewegt sich am Rande der Blasphemie; wer aber den Ausdruck *englisches Mädchen* in einer gegebenen Situation im Sinne von ‚engelhaft' missinterpretierte, beging einen eher charmanten Fauxpas. Aber dies alles sind, wie gesagt, nur Hypothesen. Sie zeigen aber, wie wenig getan ist, wenn man einen solchen Fall mit dem Schlagwort „Homonymenflucht" zu „erklären" versucht.

Auf ganz andere Art wurde die Homonymie von *köstlich* bewältigt, dessen Bedeutungsentwicklung man auf den ersten Blick für einen Fall von Differenzierung oder von Metonymie halten könnte. Es handelt sich um einen Entwicklungsprozess, den man **Homonymenfusion** nennen könnte. Es gab und gibt heute noch die beiden homonymen Verben *kosten*$_1$ mit der Bedeutung ‚den Geschmack prüfen, probieren' (von lat. *gustare*) und *kosten*$_2$ mit der Bedeutung ‚einen Kaufwert, Preis haben' (von lat. **costare*). Von beiden Verben waren Adjektivableitungen im Gebrauch, nämlich *köstlich*$_1$, das ‚lecker, von hervorragendem Geschmack' bedeutete und *köstlich*$_2$ mit der Bedeutung ‚kostbar'.

Im *Simplicissimus* finden sich für *köstlich*$_1$ folgende Belege:

(16) „Darum denn nun, mein liebster Herr, will ich nicht mit dir tauschen; zwar ich bedarfs auch im Geringsten nit, denn die Quellen geben mir einen gesunden Trank anstatt deiner *köstlichen* Wein', (...)" *(Das zweite Buch, 12. Kapitel, 132)*

(17) „Ha", sagten dann die Leut, „seht, das ist fürwahr ein *köstlicher* Theriak, so um ein gering Geld!" *(Das vierte Buch, 8. Kapitel, 329)*

(18) Ich kaufte mir zwei Maß Branntewein, färbte ihn mit Saffran, füllte ihn in halblötige Gläslein und verkaufte solchen den Leuten für ein *köstlich* Güldenwasser, das gut fürs Fieber sei, brachte also diesen Branntewein auf dreißig Gulden. *(Das vierte Buch, 9. Kapitel, 329)*

(19) Wir bankettierten edelmännisch, und ich ließ mir die guten Waldforellen und *köstlichen* Krebs daselbst wohl schmecken. *(Das vierte Buch, 23. Kapitel, 376)*

(20) Ich wurde von den andern abgesondert und zu einem Kaufherrn logiert, allwo ich nunmehr öffentlich verwacht, hingegen aber täglich mit herrlichen Speisen und *köstlichem* Getränk von Hof aus versehen wurde. *(Das fünfte Buch, 21. Kapitel, 467)*

Weit größer aber ist im *Simplicissimus* die Anzahl der Textpassagen, in denen *köstlich*$_2$ verwendet wird; davon wollen wir nur eine kleine Auswahl zitieren:

(21) Das erste, das er den folgenden Morgen tat, war, dass er mir sein Pferd schenkte, und sein Geld (so er an Gold in keiner kleinen Zahl bei sich hatte) samt etlich *köstlichen* Ringen unter meine Frau, Kinder und Gesind austeilete. *(Das erste Buch, 22. Kapitel, 64)*

(22) (...) zudem sagte ich, wenn man solchen Reichtum, und sonderlich das *köstliche* Pferd, welches sich nicht verbergen ließe, bei mir und den Meinigen sehe, so würde männiglich schließen, ich hätte ihn berauben oder gar ermorden helfen. *(Das erste Buch, 22. Kapitel, 65)*

(23) Da sie nun mit mir fertig waren, legten sie mich in ein *köstlich* Bett, darinnen ich ohngewieget entschlief, sie aber gingen und nahmen ihre Kübel und anderen Sachen, damit sie mich gewaschen hatten, samt meinen Kleidern und allem Unflat mit sich hinweg. *(Das zweite Buch, 6. Kapitel, 113)*

(24) Also dass ich ihnen, wenn ich nur aufschneiden wollen, seltsame Bären hätte anbinden können, aber ich sagte ihnen im Geringsten nichts, auch nicht einmal, dass ich den *köstlichen* Schatz ausgehoben, sondern ritt meines Wegs in mein Quartier und beschaute meinen Fund, der mich herzlich erfreute. *(Das dritte Buch, 12. Kapitel, 254)*

(25) Die Alte nahm mich bei der Hand und führte mich vollends ins Zimmer, das rund umher mit den *köstlichsten* Tapeten behängt, zumal sonsten auch schön geziert war. *(Das vierte Buch, 4. Kapitel, 313-314)*

Die folgenden Textauszüge machen deutlich, dass *köstlich* zu Goethes Zeiten bereits als ein generelles Wertungsadjektiv im Sinne von ‚herrlich, prächtig‘ verwendet wurde. Es sieht ganz so aus, als sei hier ein „Homonymenkonflikt" durch Nichtunterscheidung bereinigt worden. Und das passt ja auch von den beiden Bedeutungen her ganz gut: Denn was *köstlich*₁ ist, ist meist auch *köstlich*₂. ‚Was hervorragend schmeckt, kostet auch viel Geld‘ – praktischen Schlüssen dieser Art sind wir ja bereits begegnet.

(26) „O! Warum liegt dieser *köstliche* Platz nicht in tiefer Wildnis, warum dürfen wir nicht einen Zaun umher führen, ihn und uns zu heiligen und von der Welt abzusondern! (...)" *(DuW.2 223:10-13)*

(27) Allein dieses Vergnügen wurde unserm guten Wirte gar bald verkümmert, da er, gegen meinen Rat, in der Freude seines Herzens, den Riss der Gesellschaft vorlegte. Weit entfernt, daran die erwünschte Teilnahme zu äußern, achteten die einen diese *köstliche* Arbeit gar nicht; andere, die etwas von der Sache zu verstehn glaubten, machten es noch schlimmer: Sie tadelten den Entwurf als nicht kunstgerecht, und als der Alte einen Augenblick nicht aufmerkte, handhaben sie diese saubern Blätter als Brouillons, und einer zog mit harten Bleistiftstrichen seine Verbesserungsvorschläge dergestalt derb über das zarte Papier, dass an Wiederherstellung der ersten Reinheit nicht zu denken war. *(DuW.3 458:32-459:5)*

(28) Mein Führer, ohne mich gerade auf den nächsten Weg zu drängen, leitete mich doch unmittelbar nach jener Mitte, und wie war ich überrascht, als ich, in den Kreis der hohen Bäume tretend, die Säulenhalle eines *köstlichen* Gartengebäudes vor mir sah, das nach den übrigen Seiten hin ähnliche Ansichten und Eingänge zu haben schien. *(DuW.1 57:30-36)*

(29) Doch ging alles noch in ziemlicher Folge bis gegen Fastnacht, wo in der Nähe des Professor Winckler auf dem Thomasplan, gerade um die Stunde, die *köstlichsten* Kräpfel heiß aus der Pfanne kamen, welche uns denn dergestalt verspäteten, dass unsere Hefte locker wurden, und das Ende derselben gegen das Frühjahr mit dem Schnee zugleich verschmolz und sich verlor. *(DuW.2 248:7-13)*

Heute dagegen ist *köstlich*₂ weggefallen und durch *kostbar* ersetzt. Übrig geblieben ist allein die kulinarische Variante. Es handelt sich also um einen Fall von Homonymiedifferenzierung. Eine Kollokation wie *sich köstlich amüsieren* ist heute eine metaphorische Verwendungsweise von *köstlich*₁, die sich an den lexikalisierten metaphorischen Gebrauch von *Geschmack (der Wein hat einen kräftigen Geschmack* versus *seine Kleidung zeugt von schlechtem Geschmack)* anschließt. Im wörtlichen Sinne wird *köstlich* vor allem auf Speisen und Getränke verfeinerten Geschmacks angewendet: *ein köstliches Spargelcrèmesüppchen mit einem köstlichen Weißwein* klingt angemessener als *eine köstliche Blutwurst mit einem köstlichen Bier.* Diese Bereichseinschränkung bleibt auch bei der Metaphorisierung erhalten bzw. sie findet dort ihre Entsprechung: *Das war eine köstliche Inszenierung* klingt angemessener als *das war ein köstliches Fußballspiel.* Dass das Referenzobjekt amüsant, witzig und geistreich ist, gehört zu den Gebrauchsbedingungen der metaphorischen Übertragung.

3.4 Wegfall einer Bedeutungsvariante

„Während das Auftreten neuer Wörter und Verwendungsweisen immer zu den zentralen Beobachtungsfeldern der historischen Semantik
gehört hat, ist das Veralten und das Aufgeben von Wörtern und Verwendungsweisen insgesamt viel weniger gut erforscht, obwohl eine
Folge des Veraltens, nämlich die Schwerverständlichkeit des Wortschatzes älterer Texte, schon seit der Antike immer wieder hervorge-
hoben wurde."[45]

Warum ist das so? Zum einen fällt es viel weniger auf, wenn ein
Wort oder eine Gebrauchsvariante verschwindet, als wenn eine
neue entsteht. Man kann das schon an einem sehr einfachen
Phänomen erkennen: Viele Menschen wittern die Überfrem-
dung der deutschen Sprache, weil ihnen auffällt, dass häufig in
Äußerungen deutscher Sätze englische oder pseudo-englische
Wörter vorkommen, *Handy*, *Talkmaster* oder *ge-e-mailt* zum
Beispiel. Uns ist jedoch kein Fall bekannt, dass jemand den
Verlust der Fremdwörter *abalienieren*, *abducieren* oder *Aneurie*
beklagte, die zusammen mit zahllosen anderen heute unge-
bräuchlichen Fremdwörtern im Duden von 1880 aufgeführt
sind. Zum anderen scheint der Prozess des Entstehens neuer
Bedeutungsvarianten theoretisch interessanter zu sein als das
Verschwinden; denn es gibt, wie wir gesehen haben, verschieden Muster der Genese. Ob es jedoch auch interessante Muster
des Verschwindens gibt? Und zum Dritten lässt sich das Auftreten neuer Gebrauchsvarianten besser erforschen und dokumentieren. Es ist das altbekannte Problem der negativen Evi-
denz: Aus der Tatsache, dass ein Wort oder eine Bedeutungsvariante in einem Text oder Korpus nicht vorkommt, darf man
nicht schließen, dass diese Variante nicht mehr in Gebrauch ist.
Wir wollen dennoch auch diese Seite der historischen Semantik
hier ansprechen. Der Wegfall einer Bedeutung ist gleichsam die
Umkehrung der Genese von Polysemie. In vielen Fällen ist es

---

45 Fritz 1998: 80.

die jeweils ältere Bedeutung, die wegfällt, wie wir bereits in den vorangegangenen Kapiteln gesehen haben. Einen besonders interessanten Fall stellt das Adjektiv *ängstlich* dar, das zu Goethes Zeiten nicht nur die Bedeutung ‚zu Angst neigend' hatte, sondern auch im Sinne von ‚Angst erregend, ängstigend' verwendet wurde. Daniel Sanders führt diese Bedeutungsvariante noch in seinem Handwörterbuch der deutschen Sprache von 1878 auf. Goethe verwendet *ängstlich* beispielsweise auf folgende Weise:

(30) Um mir Luft zu verschaffen, entwarf ich mehrere Schauspiele und schrieb die Expositionen von den meisten. Da aber die Verwicklungen jederzeit *ängstlich* werden mussten, und fast alle diese Stücke mit einem tragischen Ende drohten, ließ ich eins nach dem anderen fallen. Die „Mitschuldigen" sind das einzige fertig gewordene, dessen heiteres und burleskes Wesen auf dem düsteren Familiengrunde als von etwas Bänglichem begleitet erscheint, so dass es bei der Vorstellung im Ganzen ängstiget, wenn es im Einzelnen ergetzt. *(DuW.2 285:37-286:7)*

(31) Denn jene *ängstliche* Szene mit dem Königslieutenant wäre nicht vorgefallen, ja mein Vater hätte weniger von allen Unannehmlichkeiten empfunden, wenn unsere Treppe, nach der Leipziger Art, an die Seite gedrängt, und jedem Stockwerk eine abgeschlossene Türe zugeteilt gewesen wäre. Diese Bauart rühmte ich einst höchlich und setzte ihre Vorteile heraus, zeigte dem Vater die Möglichkeit, auch seine Treppe zu verlegen, worüber er in einen unglaublichen Zorn geriet, der um so heftiger war, als ich kurz vorher einige schnörkelhafte Spiegelrahmen getadelt und gewisse chinesische Tapeten verworfen hatte. *(DuW.2 356:4-14)*

Zu dieser Zeit war *ängstlich* also auf eine bemerkenswerte Weise polysem: „auf personen oder sachen beziehbar."[46] Heute ist die Bedeutungsvariante ‚Angst erregend' und damit auch der Bezug auf Unbelebtes weggefallen. Wenn wir uns andere heute gebräuchliche Adjektive anschauen, die nach dem Muster *x–lich* gebildet sind, so stellen wir fest, dass der Bedeutungstyp ‚x machend, x erzeugend' – man könnte dies die effizierende Bedeu-

---

46 DWb 1: 362.

tungsvariante nennen – häufiger ist als der Bedeutungstyp ‚zu x neigend' oder ‚x empfindend'. Zu dem Typus ‚x erzeugend' gehören beispielsweise *appetitlich, ärgerlich, befremdlich, erfreulich, grauslich, schädlich, schimpflich, schmerzlich* und *tödlich*. Ein erfreulicher Mensch ist einer, der Freude erzeugt, nicht einer, der zur Freude neigt oder Freude empfindet. Vom zweiten Typ ‚zu x neigend' konnten wir z. B. die Adjektive *empfindlich, kränklich, vergesslich* und *verletzlich* finden. Ein verletzlicher Mensch neigt dazu, (seelisch) verletzt zu werden, bzw. (seelische) Verletzungen zu empfinden; er ist keiner, der einem anderen Verletzungen zufügt. Und ein empfindlicher Mensch neigt zu Empfindungen; er löst nicht etwa welche aus. Äußerst selten scheinen die Adjektive zu sein, die beide Perspektiven abdecken, wie dies *ängstlich* getan hat. Unter den Adjektiven auf *-lich* konnten wir nur *behaglich* entdecken: *ein behaglicher Sessel*: ‚Behagen erzeugend'; *er sitzt behaglich am Strand*: ‚Behagen empfindend'.[47] Zu Goethes Zeiten waren Ausdrücke wie *ein ängstlicher Hund* und *ein ängstlicher Mensch* ambig. Dass eine solche Ambiguität zu unangenehmen Missverständnissen führen kann, leuchtet ein. Weshalb aber die eine und nicht die andere Version vermieden wurde und weshalb dies in der ersten Hälfte des 19. Jh. geschah, darüber wissen wir derzeit noch nichts.

Ein weiteres Beispiel für den Wegfall der früheren Bedeutung ist *eitel*. Noch im *Simplicissimus* wurde es im Sinne von ‚leer' verwendet:

(32) Was ist das aber für ein Lob, welches mit so vielem unschuldig-vergossenem Menschenblut besudelt: und was ist das für ein Adel, der mit so vieler tausend anderer Menschen Verderben erobert und zuwegen gebracht worden ist? Die Künste betreffend, was sinds anders als lauter Vanitäten und Torheiten? Ja sie sind ebenso leer, *eitel* und unnütz als die Titel selbst, die einem von denselbigen zustehen möchten; denn entweder dienen sie zum Geiz oder zur Wollust oder

---

47 Interessanterweise deckt auch das Adjektiv *geil* in seiner sexuellen Bedeutung beide Perspektiven ab: ‚Erregung erzeugen' und ‚Erregung empfinden', siehe Kapitel 2.2 und 4.1.

zur Üppigkeit oder zum Verderben anderer Leut, wie denn die schreck-
lichen Dinger auch sind, die ich neulich auf den halben Wagen sah;
(...). *(Simplicissimus, Das zweite Buch, 10. Kapitel, 128)*

(33) Sie hatten auch unterschiedliche alte Bauersleut beschickt, die erzählen
mussten, was einer oder der ander von diesem wunderbarlichen See
gehöret hätte, deren Relation ich denn mit großer Lust zuhörte, wiewohl ichs für *eitel* Fabeln hielt, denn es lautete also lügenhaftig als etliche Schwänk des Plinii. *(Simplicissimus, Das fünfte Buch, 10. Kapitel, 422)*

In den *eitlen Fabeln* der Belegstelle (33) können wir unschwer
unser heutiges *eitles Geschwätz* wiedererkennen, mit der Phrase
eitel Sonnenschein die einzige Wendung, in der sich die frühere
Bedeutung erhalten hat. Diese Verwendungsweise verschwindet dann allmählich etwa 150 Jahre später, worauf Goethe sel-
ber explizit hinweist:

(34) Beurteil' ich nun aber einen solchen Mann dankbar, wohlwollend und
gründlich, so darf ich nicht einmal sagen, dass er *eitel* gewesen. Wir
Deutschen missbrauchen das Wort *eitel* nur allzu oft: Denn eigentlich
führt es den Begriff von Leerheit mit sich, und man bezeichnet damit
billigerweise nur einen, der die Freude an seinem Nichts, die Zufrie-
denheit mit einer hohlen Existenz nicht verbergen kann. *(DuW.3
64:3-9)*

Wir haben es hier wieder mit dem Fall zu tun, dass die metaphorische und damit bewertende Variante weiterhin im Gebrauch
ist, während die wertneutrale Variante verschwunden ist.

In diesem Zusammenhang muss auch *edel* erwähnt werden.
Das Adjektiv *edel* ist von *Adel* abgeleitet und wurde zunächst
verwendet, um die adlige Herkunft eines Menschen zu kennzeichnen:

(35) Mein Herr wollte auch mit mir scherzen, und sagte: „Ich merke wohl,
weil du nicht *edel* zu werden getrauest, so verachtest du des Adels
Ehrentitel." *(Simplicissimus, Das zweite Buch, 11. Kapitel, 128)*

(36) (...) dieweil ich denn nun Geschlechts und Herkommens halber ebenso *edel* bin als Mammon immer sein mag, zumalen durch meine Beschaffenheit (ob ich zwar nit so gar klug zu sein scheine) ebenso viel
ja noch wohl mehr als dieser alte Kracher zu nützen getraue: (...).
(Simplicissimus, Continuatio, 4. Kapitel, 497)

(37) Von so vielfachen Zerstreuungen, die doch meist zu ernsten, ja religiösen Betrachtungen Anlass gaben, kehrte ich immer wieder zu meiner *edlen* Freundin von Klettenberg zurück, deren Gegenwart meine
stürmischen, nach allen Seiten hinstrebenden Neigungen und Leiden-
schaften, wenigstens für einen Augenblick, beschwichtigte, und der
ich von solchen Vorsätzen, nach meiner Schwester, am liebsten Re-
chenschaft gab. *(DuW.3 41:11-18)*

(38) In jenen ältern unruhigen Zeiten nämlich, wo ein jeder nach Belieben
Unrecht tat, oder nach Lust das Rechte beförderte, wurden die auf
die Messen ziehenden Handelsleute von Wegelagerern, *edlen* und *un-
edlen* Geschlechts, willkürlich geplagt und geplackt, so dass Fürsten
und andre mächtige Stände die Ihrigen mit gewaffneter Hand bis nach
Frankfurt geleiten ließen. *(DuW.1 23:11-17)*

Der ursprüngliche Gebrauch wurde metonymisch auf bestimmte positive Verhaltensweisen oder Eigenschaften adliger Leute
ausgeweitet und diese Metonymie wurde schließlich metaphorisch übertragen auf Eigenschaften und Verhaltensweisen nicht
adliger Personen und Gegenstände. Im letzteren Fall dient *edel*
vor allem dazu, die besondere Qualität und Beschaffenheit des
Materials zu kennzeichnen. Die ursprüngliche Funktion von
edel hat nun das Adjektiv *adlig* übernommen.

3.5 Zusammenfassung

In diesem Kapitel haben wir uns mit einem Aspekt des Bedeutungswandels beschäftigt, der in der historischen Semantik bisher eine eher stiefmütterliche Behandlung erfahren hat: den
Verlust von Bedeutungsvarianten. Diesen haben wir auf eine
Art Vorsorgemaßnahme der Sprecher zurückgeführt, die dazu
neigen, den Gebrauch mehrdeutiger Wörter zu vermeiden, wenn
dieser zu Missverständnissen führen kann. Mit anderen Worten:
Hinter dem Schwund der zumeist älteren Bedeutung steckt die
Kommunikationsstrategie „Vermeide Missverständnisse". Existieren alte und neue Bedeutungsvariante nebeneinander, sprechen wir von Mehrdeutigkeit. Diese wird wiederum unterteilt
in Polysemie und Homonymie. Polysem sind Wörter mit ver-

schiedenen, aber verwandten Bedeutungsvarianten. Polysemie scheint nur dann möglich, wenn die beiden Verwendungsbereiche klar voneinander unterschieden werden können, wie dies bei *schlicht, gestrig, gewöhnlich* und *bequem* der Fall ist, bei denen die eine Variante auf menschliche Referenten, die andere auf nicht menschliche Referenten bezogen wird. Bei Adjektiven wie *zweideutig, gemein, dramatisch* und *billig* liegen ebenfalls zwei hinreichend getrennte Anwendungsbereiche vor: Diese Adjektive haben nämlich neben ihrer umgangssprachlichen noch eine fachsprachliche Bedeutung.

Bei der Homonymie handelt es sich dagegen um zwei lautlich identische Lexeme, deren Bedeutungen keinerlei semantische Beziehung aufweisen. In unserem Korpus fanden sich nur zwei Homonyme: *englisch*$_1$ (‚aus England stammend‘) und *englisch*$_2$ (‚engelhaft‘) sowie *köstlich*$_1$ (‚lecker, von hervorragendem Geschmack‘) und *köstlich*$_2$ (‚kostbar‘). Auch hier mussten die Sprecher ab einem gewissen Zeitraum stark aufpassen, dass sie nicht missverstanden wurden. Die genannte Kommunikationsstrategie „Vermeide Missverständnisse" kann somit auch das Verschwinden der entsprechenden Homonyme erklären, eher jedenfalls als die verdinglichende Redeweise von der „Homonymenflucht".

4. Bedeutungswandel als Invisible-Hand-Prozess

4.1 Die drei Probleme des Wandels

Bereits im ersten Kapitel haben wir darauf hingewiesen, dass eine Theorie des Bedeutungswandels in ein allgemeines Erklärungsmodell sprachlichen Wandels integriert werden muss. Dies wollen wir in diesem Kapitel näher erläutern. Bei Erklärungen von Sprachwandel muss man, so hatte Eugenio Coseriu bereits 1958 festgestell, drei Fragestellungen wohl unterscheiden: „el problema *racional* del cambio", „el problema *general* de los cambios" und „el problema *histórico* de tal cambio determinado".[48] Das erste Problem betrifft die Frage nach dem Wesen der Sprache selbst: Weshalb verändern sich Sprachen überhaupt und sind nicht unveränderlich? Das zweite Problem betrifft die allgemeinen Prinzipien und Bedingungen unter denen Sprachwandel stattfindet, oder die Sprachwandel hervorrufen. So ist beispielsweise die Verpflichtung oder der Wunsch, sich höflich oder schonend auszudrücken, eine Bedingung, die Bedeutungswandel zur Folge hat. Das dritte Problem betrifft den konkreten Fall: Weshalb veränderte *billig* in der ersten Hälfte des 19. Jahrhunderts seine Bedeutung von ‚angemessen' zu ‚niedrig (bezogen auf Preise)'? Warum wurde das Tabuwort *geil* in den letzten Jahrzehnten des 20. Jahrhunderts zu einem expressiv bewertenden Ausdruck der Wertschätzung? Warum gerade dann, und warum gerade dieses Wort? (Im Englischen, Französischen, Spanischen oder Niederländischen beispielsweise fand unseres Wissens ein analoger Prozess des Bedeutungswandels nicht statt.) Wir müssen zugeben, dass wir gerade auf diese Fragen, die das „historische Problem" betreffen, meist keine oder nur unzureichende Antworten geben können. Woran liegt das? Die

---

48 Coseriu 1958: 37.

Gründe dafür sind unterschiedlich. Im Falle von *billig* könnten es zum Teil kontingente Wissensdefizite sein. Ökonomische Veränderungen, Veränderungen der allgemeinen Marktbedingungen könnten dazu geführt haben, dass bei Händlern ein Bedarf entstand für einen Ausdruck, mit dem sich (relativ hohe) Preise rechtfertigen lassen. *Billig* hatte dazu die geeignete Bedeutung, und heute eignet sich *fair* dazu: Meine Preise sind zwar nicht niedrig, aber sie sind *billig* (in der ehemaligen Bedeutung) bzw. *fair* (in der heutigen Bedeutung). Was dann passierte, haben wir dargestellt. Was wir aber nicht dargestellt haben ist Folgendes: Weshalb tat *wohlfeil* Jahrhunderte lang seinen guten Dienst bei der Charakterisierung von Preis-Leistungs-Verhältnissen? Und warum wurde gerade zu Beginn des 19. Jahrhunderts das Wort *billig* vermehrt zu diesem Zweck verwendet? Wir vermuten, dass die Marktverhältnisse sich im Zuge der beginnenden Industrialisierung so veränderten, dass Händler verstärkt zu Werbemaßnahmen greifen mussten, um ihre Waren abzusetzen. In diesem Zusammenhang könnte der Hinweis auf das besondere Preis-Leistungs-Verhältnis als geeignetes Argument für die Durchsetzung eines auskömmlichen Preises vermehrt eingesetzt worden sein. Im Falle von *billig* könnten also Wirtschaftshistoriker möglicherweise mit ihrem Wissen zur Bildung einer plausiblen Hypothese beitragen. Anders scheint es sich im Falle *geil* zu verhalten: Es ist einleuchten, dass sich ein Wort, das ‚sexuell erregt' und ‚sexuell erregend' bedeutet und dazu noch tabuisiert ist, dazu eignet, emphatische Begeisterung, die von einem Objekt ausgeht (*geiles Moped*), auszudrücken. Weshalb aber wurde diese Möglichkeit gerade zu diesem Zeitpunkt ergriffen, und warum gerade im Deutschen und nicht beispielsweise in den Nachbarsprachen? Auch hier können wir nur vage Hypothesen formulieren. Eine frühere zeitliche Epoche wäre wohl aus Gründen der Prüderie nicht möglich gewesen. In der Sprache der Bundeswehrsoldaten – in der es sprachlich derber zugeht als in den meisten zivilen Populationen (das wird sich möglicherweise mit dem Eintritt von Frauen in die Bundeswehr ändern) – war die besagte metaphorische

Verwendungsweise von *geil* bereits zu Beginn der siebziger Jahre gebräuchlich. Dies spricht beispielsweise dafür, dass eine niedrigere Prüderie-Hürde die metaphorische Nutzung des Tabuwortes bereits früher erlaubte; und dass diese Möglichkeit genau dann ergriffen wird, wenn sie als (zwar noch provozierend aber schon) tolerabel angesehen wird. Dass in den europäischen Nachbarsprachen das entsprechende Tabuwort nicht in analoger Weise genutzt wird, könnte damit zusammenhängen, dass es in diesen Sprachen ganz einfach kein Wort gibt, das in seiner Bedeutung unserem Adjektiv *geil* voll entspricht. Wie wir in Kapitel 3.4 gesehen haben, sind Adjektive, die sowohl im Sinne von ‚x empfindend' als auch von ‚x machend' verwendet werden können, im Deutschen äußerst selten. Das Tabuwort *geil* ist eines davon; wobei die Bedeutung ‚erregt' die ältere ist und die Bedeutung ‚erregend' eine metonymische Variante davon darstellt. Wenn wir beispielsweise die englische Entsprechung des Tabuwortes *geil* betrachten – das Adjektiv *horny* –, so müssen wir feststellen, dass dieses lediglich im Sinne von ‚erregt' verwendet werden kann. Damit ist aber eine metaphorische Übertragung auf ein Moped nicht nahe liegend. Denn ein solches kann im metaphorischen Sinne zwar sexuell erregend sein, nicht aber (ohne weiteres) sexuell erregt! Dies legt den Verdacht nahe, dass ein Tabuwort, das ‚sexuell erregt' bedeutet erst den metonymischen Wandel zu ‚sexuell erregend' erlebt haben muss, ehe es in expressiv evaluativer Weise verwendbar ist.

Erklären heißt, das Explanandum auf allgemeinere Prinzipien zurückführen, heißt zeigen, warum es so kommen musste, wie es gekommen ist, angesichts der Rahmenbedingungen und der angenommen Prinzipien. Wir haben eben an den beiden Beispielen gesehen, dass dieser Anspruch in dieser Totalität oft nicht erfüllbar ist. Man sollte jedoch versuchen, ihm so nahe wie möglich zu kommen, und das heißt, die Erklärung so stark wie möglich zu machen. Dazu müssen wir die drei Probleme, die Coseriu identifizierte, in ihrem Zusammenhang sehen.

Wir wollen das, was Coseriu „problema racional" genannt hat, die ontologische Fragestellung nennen. Eine Antwort auf

die Frage nach dem Wesen der Sprache ist zugleich eine Antwort auf die Frage, weshalb sich Sprachen überhaupt verändern
und nicht unveränderlich sind; auch darauf hat Coseriu explizit
hingewiesen.[49]

4.2 Der ontologische Status der Sprache

Einer ontologische Frage der Art *Was ist eine Sprache?* haftet
oft ein wenig der Geruch von Naivität an. Und es hat sich unter dem Einfluss der sprachanalytischen Philosophie eingebür-
gert, solche Fragen „down to earth" zu bringen, indem man eine semantische Frage daraus macht: *Wie verwenden wir in unserer normalen Sprache das Wort ‚Sprache'?* Diese Frage ist – unserer Bedeutungsauffassung gemäß – natürlich gleichbedeutend
mit der Frage *Was bedeutet das Wort ‚Sprache' in unserer Sprache?*
In diesem Fall hilft aber auch die linguistische Version nicht
weiter. Der Grund dafür ist Folgender: Das Wort *Sprache* verwenden wir im Deutschen zur Bezeichnung sehr heterogener
Phänomene. *Die Sprache des jungen Goethe, die deutsche Sprache, die Sprache der Werbung, die Sprache der Jugendlichen* – in
all diesen Ausdrücken referieren wir mit dem Wort *Sprache* auf
je verschiedene Phänomene, die miteinander nicht allzu viel zu
tun haben. Wir sollten also weder die Frage stellen, was die
Sprache „eigentlich" ist, noch versuchen, die ontologische Frage linguistisch zu wenden. Wir müssen vielmehr die Frage beantworten, unter welchen Aspekten wir die Sprache betrachten
müssen, wenn wir interessante Erkenntnisse über ihren Wandel
gewinnen wollen. Das heißt, wir suchen nach einer fruchtbaren
Charakterisierung, nicht nach einer allein selig machenden –
und dazu müssen wir eine stipulierende ontologische Charakterisierung erzeugen.

Die Frage, welcher Erklärungsmodus für Sprachwandel der
angemessene ist, wurde in den letzten 150 Jahren vehement
diskutiert. Wir wollen nicht versuchen, diese Diskussionen hier

---

49 Coseriu 1958: 60.

nachzuzeichnen; das ist an anderer Stelle bereits geschehen.[50]
Ein Fazit soll genügen. Die populärste Antwort, die man im
19. Jahrhundert auf diese Frage gab, bestand darin, eine so genannte natürliche Sprache als einen lebendigen Organismus zu
betrachten. In der Tat berücksichtigt eine solche Charakterisierung die Tatsache, dass sich eine natürliche Sprache ständig
wandelt, dass sie „lebt". Was die vitalistische Metapher des Lebens jedoch nicht erhellt, sondern geradezu verschleiert, ist die
Frage, wem die Sprache ihr Leben verdankt. Mit anderen Worten: Die Sprecher und die Sprachgemeinschaft wurden bei dieser Betrachtungsweise ausgeblendet. Der Wandel wurde als ein
ausschließlich naturgesetzliches Phänomen angesehen.
    Während die Mehrheit der Sprachforscher des 19. Jahrhun-
derts auf der Suche nach den Ursachen des Sprachwandels war,
gab es eine Minderheit – Whitney war ihr prominentester Ver-
treter –, die organizistische Sprachauffassungen ablehnte und
bekämpfte. Die Sprache, so lautete ihre These, ist kein Natur-
organismus, sondern eine soziale Institution; sie wandelt sich
nicht aufgrund der Wirkung von Naturgesetzen, sondern allein
durch die menschliche Sprechtätigkeit. So weit können wir dieser These ebenfalls zustimmen. Aber der Schluss, den sie daraus zogen, war ganz einfach falsch: Der Sprachwandel kann
nicht kausal erklärt werden, weil nur Naturphänomene kausalen
Erklärungen zugänglich sind – er muss vielmehr final erklärt
werden, weil die menschliche Sprechtätigkeit ein intentionales
und finales Phänomen ist. Was ist daran falsch?
    Es ist ein Irrtum anzunehmen, dass alle Ergebnisse finaler
Tätigkeiten finale Phänomene sind – ein persistierender Irrtum
mit einer langen Tradition, der in Keller 1994 ausführlich erör-
tert ist. Linguisten, die sich für die Sprache unter dem Aspekt
ihres Wandels interessierten, standen stets vor folgendem Problem: Es gibt ganz offensichtlich Trends und Drifts des Wandels – am bekanntesten sind die so genannten Lautgesetze – und

---

50 Siehe Keller [2]1994 sowie Benware 2001, der vor allem die neueren und
   neusten Theorie-Ansätze kritisch darstellt.

es entstehen durch Wandel neue Strukturen, die oftmals ausgesprochen wohlgeordnet sind. Nun kann man sich von einer
großen Sprachgemeinschaft wie etwa der deutschen nicht vorstellen, dass sie sich explizit koordiniert, sich sozusagen zum
Wandel verabredet. Dass dennoch wohlgeordnete Strukturen
entstehen und Systematizitäten des Wandels, glaubten die einen mit dem vitalistischen Konzept des Organismus, in dem
verborgene Gesetze walten, erklären zu müssen. Aber auch die
Finalisten können dafür keine plausiblen Erklärungen liefern.
Der Wunsch eines jeden Einzelnen, verstanden zu werden, führt
zwar zu koordiniertem Verhalten, er erklärt jedoch nicht das
Phänomen des Wandels. Eine nahe liegende Erklärung ist die,
dass Sprachwandel entsteht aus einem Zusammenspiel von Innovation und Adaption: Einer hat eine innovative Idee und
nennt beispielsweise seine Jeans *geil*, die anderen finden diesen
metaphorischen Gebrauch attraktiv und machen ihn bei nächs-
ter Gelegenheit nach. Es mag Fälle geben, wo ein solches Modell plausibel ist. Für viele Fälle kommt es überhaupt nicht in
Frage: für all diejenigen Fälle beispielsweise, bei denen der
Hörer die Hauptrolle spielt. Es kann nicht sein, dass sich die
Bedeutung des Adjektivs *billig* von ‚angemessen‘ zu ‚niedrig
(bezogen auf Preise und Löhne)‘ gewandelt hat, weil einer damit anfing, eine Verwendung in diesem Sinn zu interpretieren
und die anderen bei den nächsten Verwendungen diese Inter-
pretationsweise übernahmen. Es wäre beispielsweise auch un-
plausibel anzunehmen, dass einer damit anfängt, *haben* als
[ham] auszusprechen und die anderen ihm dies nachmachten.
Mit anderen Worten, die These, dass Sprachwandel kollektiv
adaptierte Innovation ist, stellt eine Übergeneralisierung dar.

Einen interessanten und radikalen Ansatz zur Bestimmung
des ontologischen Status der Sprache und ihres Wandel legte
William Croft mit seinem Buch *Explaining language Change* vor.
Darin versucht er konsequent einen *evolutionary approach* – so
der Untertitel – zu formulieren. Eine adäquate Theorie der Sprache und ihres Wandels muss nach Croft folgende fünf Deside-
rata erfüllen:

1. Sie muss verdinglichende bzw. hypostasierende Begrifflich-
   keit vermeiden.

2. Sie muss sowohl Stase als auch Wandel zu ihren Erklärungs-
   zielen machen.

3. Sie muss Innovation und Verbreitung deutlich unterscheiden.

4. Sie muss die strukturelle, funktionale und soziale Dimension des Sprachwandels erfassen.

5. Sie muss sowohl interne als auch externe „Ursachen" des
   Sprachwandels berücksichtigen.[51]

Diesen Forderung können wir im Großen und Ganzen zustimmen, wenngleich wir der Meinung sind, dass Croft die
Funktion von „innovation" und „propagation" übergenerali-
siert, wenn er behauptet, dass „these two processes [...] are
necessary components of language change". In vielen Fällen
(s. beispielsweise *rüstig*) steht die Neuerung oder Regelabwei-
chung gerade nicht am Anfang des Prozesses, sondern ist selbst
ein von den Sprechern unbeabsichtigtes Resultat ihrer – durchaus regelkonformen – Wahl eines sprachlichen Mittels.
    Croft möchte, und da sind wir uns wieder einig, den Sprach-
wandel als den Spezialfall eines evolutionären Prozesses betrachten. Zu diesem Zweck entwickelt er in Anlehnung an David
Hulls Modell der Evolution von Konzepten[52] eine Begrifflich-
keit, die es erlaubt, eine Theorie zu formulieren, die den oben
genannten Forderungen genügt. Eine zentrale Kategorie ist die
des Linguems.[53] Es ist konzipiert als sprachlicher Replikator,
analog zum biologischen Replikator, dem Gen. Alternative Gene auf einem Platz der DNS bilden so genannte Allele. Diesen
entsprechen Linguem-Varianten. Typische Linguem-Varianten
sind im lexikalischen Bereich Synonyme wie *fast* und *beinahe*;

---

51 Cf. Croft, William 2000: 4-6.
52 Cf. Hull 1988.
53 Ihr Schöpfer ist Martin Haspelmath.

im morphosyntaktischen Bereich sind beispielsweise verschiedene Arten, die Possessiv-Relation auszudrücken, Linguem-Varianten: *das Auto von meinem Vater, meines Vaters Auto, meinem Vater sein Auto.* Allele „konkurrieren" um einen Platz auf der DNS; Linguem-Varianten „konkurrieren" um einen Platz auf der Äußerungskette. Der Äußerung – verstanden als Äußerungstoken – kommt in einer solchen Theorie eine eminente Rolle zu: Sie ist als ein empirisches spatio-temporales Ereignis der Ort der Selektion und der „propagation". Die Sprache definiert Croft wie folgt: „A language is the population of utterances in a speech community." Ein solcher Sprachbegriff mag im Rahmen einer Sprachtheorie, die strikt dem biologischen Vorbild nachkonstruiert ist, konsequent sein. Sie hat jedoch den Nachteil, dass sie, wenn man sie ernst nimmt, ausgesprochen „unhandlich" ist: Sprache ist, wenn man sie als Population der getätigten Äußerungen definiert, nichts, was ein Sprecher kennen kann. Denn sie „wächst" von Sekunde zu Sekunde. Streng genommen, lässt sich von dieser „Sprache" auch nicht mehr in einer interessanten Weise sagen, dass sie sich wandelt! Sie wird einfach immer nur umfangreicher! Was sich beim Sprachwandel hingegen ändert, sind die Regeln, die Sprecher befolgen, wenn sie Äußerungen hervorbringen. Deshalb ziehen wir es vor – bei aller prinzipiellen Sympathie für Crofts Vorgehensweise –, eine Sprache aufzufassen als die Menge der Regeln – bzw. der Konventionen, womit wir das Gleiche meinen – die es erlauben sprachliche Äußerungen zu produzieren und zu interpretieren.

4.3 Sprache als Phänomen der dritten Art

Wissenschaftler, vor allem Geisteswissenschaftler, gingen bis in die jüngste Zeit stillschweigend oder auch explizit davon aus, dass sich die Welt in zwei disjunkte Klassen aufteilen lässt. (Zwei Klassen sind disjunkt, wenn bei der Aufteilung der Elemente kein Rest übrig bleibt, wenn also jedes Element eindeutig entweder zur einen oder zur anderen Klasse gehört.) Die

eine Klasse enthält die Dinge, die von Gott gemacht sind oder
– in profaner Terminologie – die Naturphänomene, die andere
enthält die Dinge, die von Menschen gemacht sind, die Artefakte. Wie das Epitheton *natürlich* bereits nahe legt, sind die so
genannten natürlichen Sprachen keine Artefakte wie beispielsweise das Esperanto. Aber Naturphänomene, wie etwa die so
genannte Bienensprache, sind sie offensichtlich auch nicht. Was
man bei dieser dichotomen Klassifikation übersehen hatte, war,
dass es eine sehr interessante Klasse von Dingen gibt, die zwar
in gewisser Weise von Menschen gemacht sind, aber weder willentlich noch wissentlich von ihnen erzeugt wurden. Dazu gehören viele Institutionen des sozialen Lebens, wie die Moral,
die Ordnung freier Märkte, die ausgeglichene Länge der Warte-
schlangen an den Kassen eines Supermarktes – und eben auch
die so genannten natürlichen Sprachen. Was ist die Besonderheit dieser Phänomene der dritten Art? Um uns diese klar zu
machen, müssen wir uns verdeutlichen, wie sie entstehen. Und
indem wir dies sagen, wiederholen wir unsere These, dass die
ontologische Frage mit der Genese in einem inhärenten Zusammenhang steht. Am einfachsten lässt sich dieser Typus von Phänomenen am Beispiel des Trampelpfads erklären, weshalb diese
Theorie bisweilen auch „Trampelpfadtheorie" genannt wird:
Wenn man ein Luftbild einer deutschen Campus-Universität –
beispielsweise der Heinrich-Heine-Universität zu Düsseldorf –
betrachten würde, so würde man erkennen, dass es neben den
gepflasterten Wegen, die von den Architekten angelegt worden
sind, ein Netz von Trampelpfaden über die diversen Rasenflächen gibt. Und wer sich die Funktion der Gebäude vergegenwärtigen würde, der würde bald erkennen, dass dieses Netz in
gewisser Weise das elegantere und intelligentere ist. Ganz ohne
Zweifel hat aber die Intelligenz des Trampelpfadnetzes nichts
zu tun mit der Intelligenz derer, die es trampelten, sondern
eher mit deren Faulheit. Ja, man kann sogar sagen: Je fauler die
Population ist, die den Düsseldorfer Campus bevölkert, desto
intelligenter wird dieses Netz. Die in Rede stehende Population
muss schon sehr faul sein, denn das Netz stellt ein nahezu

ideales funktionales System von Verbindungswegen dar. Welche Erkenntnisse können wir aus diesem einfachen Beispiel ziehen?

1. Dieses System ist nicht natürlich, sondern Ergebnis menschlicher Handlungen. Aber es ist kein prototypisches Artefakt, wie etwa das System der von Architekten geplanten Wege.

2. Der Geneseprozess der Architektenwege folgt einem präexistenten Plan; die Handlungen, die das gepflasterte Wegenetz hervorbringen, werden diesem Plan entsprechend und in der Absicht vollzogen, diese Wege hervorzubringen. Der Plan ist letztlich ausschlaggebend dafür, in welchem Ausmaß das fertige Wegenetz seine Funktion erfüllt. Das System der Trampelpfade folgt keiner planenden Vernunft und erfüllt seine Funktion dennoch auf vorbildliche Weise. Und die Handlungen, die das Wegenetz hervorbringen, werden nicht vollzogen in der Absicht, dieses Netz zu erzeugen. Diejenigen, die an seiner Erzeugung beteiligt waren, dürften im Allgemeinen nicht einmal wissen, dass sie daran teilhatten.

3. Das Netz der Trampelpfade ist ein unintendierter Nebeneffekt von Handlungen, die ganz anderen Intentionen folgen: nämlich von A nach B zu gehen bei minimalen Energiekosten.

4. Es ist der kausale, nicht intendierte Effekt finaler bzw. intentionaler Handlungen. Und genau dies ist die Definition von Phänomenen der dritten Art.

Aus dieser Aufzählung von Eigenschaften lässt sich unmittelbar ableiten, welcher Erklärungsmodus für Phänomene dieses Typus der angemessene ist. Menschen tun etwas auf quasikoordinierte Weise und erzeugen durch dieses Tun, ohne es zu wollen und zu merken, eine höchst funktionale Struktur. (Wobei wir vorsichtshalber anmerken wollen, dass beileibe nicht alle Phänomene der dritten Art segensreich oder funktional sind.) Die Rekonstruktion eines solchen Geneseprozesses ist zugleich

eine Erklärung der durch ihn entstandenen Struktur. Man nennt
sie – seit Robert Nozick[54] sie in Anlehnung an eine Metapher von
Adam Smith so getauft hat – eine Invisible-Hand-Erklärung.
Eine solche Erklärung versucht die Brücke zu schlagen zwischen
der Mikroebene der Handlungen der Individuen und der durch
diese erzeugten Struktur. Eine besondere Herausforderung stellt
dabei stets die Frage dar, wie die Quasi-Koordination zu Stande
kommt. Wenn Menschen kreuz und quer über Rasenflächen gehen, entsteht gar nichts – jedenfalls kein Trampelpfad. Der entsteht erst, wenn sie „geordnet" gehen – ohne dass eine ordnen-
de Hand im Spiel ist. In dem simplen Beispiel des Trampelpfads
ist recht offensichtlich, wie die Homogenität der Handlungen
erzeugt wird: Menschen (wie andere Tiere auch) haben die Tendenz, sich ökonomisch zu verhalten, d. h. bei der Erreichung
ihrer Ziele auf die Kosten zu achten. Wenn sie dies bei den
Unternehmungen, von A nach B zu gelangen, tun – und hinreichend viele tun es, da es unsere Gesellschaft derzeit toleriert –
entsteht in unserem Klima und mit unseren Graspflanzen ein
Trampelpfad. Denn Graspflanzen sterben ab, wenn man hinreichend häufig auf sie tritt. Dieses Beispiel macht deutlich, dass
eine solche Erklärung prozessualer Natur ist und aus drei Bau-
steinen besteht:

1. Man muss – auf der Mikroebene – die Handlungsweisen der
   Individuen darstellen samt den Rahmenbedingungen, unter
   denen sie vollzogen werden. Eine solche Darstellung hat
   meist den Charakter einer hypothetischen Rekonstruktion.
   (Keiner von uns hat vermutlich je wirklich gesehen, wie ein
   Trampelpfad getrampelt wurde!) Dazu gehört eine Hypothese über die Handlungsmaximen, die dafür sorgen, dass
   die individuellen Handlungen in gewisser Weise homogen
   vollzogen werden. In unserem Fall ist dies die Maxime der
   Energieersparnis. Und es gehört dazu eine Explikation der
   Rahmenbedingungen: Wo liegen die frequentierten Gebäude?

---

54 Nozick 1976 / o.J.: 32.

Wie ist die Einstellung der Population zum Betreten von Rasenflächen? Wie sind die klimatischen Bedingungen? Und so weiter.

2. Der zweite Baustein ist der so genannte Invisible-Hand-Prozess, der kumulative Prozess der Genese. Phänomene der dritten Art entstehen gemeinhin weder schlagartig noch durch Handlungen eines Einzelnen. Sie sind vielmehr kumulative Effekte der Handlungen vieler. Dabei kann es wichtig sein, zu bedenken, dass Etappen des Geneseprozesses selbst neue Rahmenbedingungen schaffen können: Wenn sich ein Trampelpfad andeutet, ist möglicherweise auch der bereit, über den Rasen zu gehen und ihn zu „nutzen", der einen unberührten Rasen nie betreten würde. Damit wirkt der Prozess selbstbeschleunigend.

3. Der letzte Schritt einer Invisible-Hand-Erklärung besteht darin, die so erzeugte Struktur zu beschreiben. In gewisser Weise kann man dies auch als den ersten Schritt betrachten, denn die Struktur stellt ja gemeinhin das Explanandum dar. Dies macht deutlich, dass eine solche Erklärung normalerweise eine diagnostische und keine prognostische Erklärung ist. Man versucht zu zeigen, wie es zu einer Struktur, die bereits entstanden ist, kam. Wirkliche Prognosen abzugeben, fällt im soziokulturellen Bereich schwer, da die Menge der Rahmenbedingungen zu komplex ist, die Handlungsentscheidungen der beteiligten Individuen eine Funktion ihres freien Willens ist, und weil möglicherweise Zufälle eine Rolle spielen. Was Sozialwissenschaftler „Prognosen" nennen, sind in Wahrheit meist nur Trendextrapolationen.

Kommen wir nun zurück zum Bedeutungswandel. Wir haben bereits gegen Ende von Kapitel 1.3 festgestellt, dass man bei einer Erklärung strikt unterscheiden muss zwischen den Zielen der Sprecher, den Mitteln, die sie wählen, um ihre kommunikativen Ziele zu erreichen und den Strukturen, die letztendlich daraus entstehen. Wer beispielsweise etwas Negatives über ei-

nen Menschen sagen möchte, ohne dabei offenkundig verlet-
zend zu sein, hat ein spezielles Kommunikationsziel: Er sucht
offenbar – technisch gesprochen – nach einer euphemistischen
Ausdrucksweise. Ein probates Mittel, auf schonende Weise jemanden negativ zu bewerten, ist es, einen beschreibenden Ausdruck zu verwenden in der Hoffnung, dass der Adressat diesen
metaphorisch (*er hat einen schlichten Verstand*) oder metonymisch (*sie hat ein gemeines Äußeres*) zu interpretieren weiß. Dazu muss der Adressat merken, dass der Sprecher mit dem von
ihm gewählten Ausdruck „mehr" zu verstehen geben will, als er
wörtlich sagt. Auch hier kann Selbstbeschleunigung eine Rolle
spielen. Wem bekannt ist, das *schlicht* hin und wieder dazu benutzt wurde, um die intellektuellen Fähigkeiten eine Menschen
negativ zu bewerten, der verbessert die Chancen, dass sein metaphorischer Euphemismus auch als solcher erkannt wird, dadurch, dass er diesem Muster folgt. Das heißt jedoch nicht, dass
solche Prozesse immer nach dem Muster „Innovation – Adaption" ablaufen. Es ist Teil der normalen semiotischen Kompe-
tenz eines Sprechers, für eine Kommunikationsaufgabe, wie die
genannte, mit Hilfe des metaphorischen oder metonymischen
Verfahrens[55] eine adäquate Lösung zu finden. Auf welche Weise auch immer die Frequenz dieser Verwendungsweisen steigen
mag – wenn sie denn über einen kritischen Punkt gestiegen ist,
wird sie ihren metaphorischen oder metonymischen Charakter
verlieren. Der Sinn, der metaphorisch bzw. metonymisch mittels eines Ausdrucks, der rein deskriptive Bedeutung hat, erzeugt wurde, wird zur neuen Bedeutung. Die Metapher oder
Metonymie lexikalisiert[56] und Bedeutungswandel hat damit
stattgefunden – gleichsam wie von unsichtbarer Hand geleitet.

---

55 Cf. Keller 1995: 160 ff.
56 Cf. Keller 1995: 183 f.

4.4 Die kommunikativen Ziele von Sprecher und Hörer

Die Frage nach den Ursachen des Bedeutungswandels ist so alt wie die historische Semantik selbst. Dabei werden die vermeintlichen Ursachen subklassifiziert in beispielsweise innersprachliche (Homonymie), historische (Wandel des Referenten), psychologische (emotionale Markiertheit eines Ausdrucks), soziologische (Wechsel eines Ausdrucks von der Fach- in die Gemeinsprache und vice versa) und fremdsprachliche (Entlehnung) Ursachen.[57] Das Modell der Invisible-Hand-Erklärung kann diese Faktoren präzise verorten: So ist beispielsweise Homonymie keine Ursache für Sprach- bzw. Bedeutungswandel, sondern eine Bedingung, unter der Menschen oftmals, um Missverständnisse zu vermeiden, eine alternative Ausdrucksweise bevorzugen. Sprachkontakt ist ebenfalls keine Ursache für Sprachwandel, sondern eine Bedingung, die es dem Sprecher beispielsweise ermöglicht, durch die Wahl seiner Worte Bildung oder Weltläufigkeit oder Gruppenzugehörigkeit etc. zu dokumentieren oder auch Bedeutungsnuancen zu nutzen, die in der eigenen Sprache nicht lexikalisiert sind. Auch Bequemlichkeit ist streng genommen nie Ursache, sondern allenfalls Auslöser eines Prozesses, der in einem Bedeutungswandel resultiert. Wem beispielsweise die Floskel *von x her gesehen* zu lang ist, der kann sie neuerdings verkürzen zu *von x her* oder gar zu *von x*:

(1) *Von der Farbe her gesehen finde ich den Pullover gut, der Schnitt gefällt mir weniger.*

(2) *Von der Farbe her finde ich den Pullover gut ...*

(3) *Von der Farbe finde ich den Pullover gut.*

In diesem Fall führt artikulatorische Bequemlichkeit der Sprecher auf lange Sicht dazu, dass die Präposition *von* eine neue

---

57 Cf. Ullmann 1962 / 1973.

Bedeutung erhält, nämlich die Bedeutung ‚unter dem Aspekt von‘, da sie in Konstruktionen wie der zitierten die Bedeutung der gesamten Floskel mitträgt.[58] Auch kognitive Bequemlichkeit kann zu Bedeutungswandel führen: Wer zwei Möglichkeiten zur Wahl hat, der verfügt über eine Alternative. Neuerdings kann man eine solche Situation auch dadurch beschreiben, dass man sagt: *Er hat zwei Alternativen*. Auch damit geht ein Bedeutungswandel einher. Das Substantiv *Alternative* dient nicht mehr dazu, die Situation der Wahlmöglichkeit zu bezeichnen, sondern die Möglichkeiten, die zur Wahl stehen. Oder anders ausgedrückt: Aus der Bezeichnung einer Relation wird die Bezeichnung der Argumente der Relation. Vermutlich ist es kognitiv einfacher, mit einem Substantiv auf ein Ding zu referieren als auf eine Relation.[59] Wie wir am Beispiel des Bedeutungswandels von *billig* gesehen haben, kann auch die Seite des Hörers bzw. des Interpreten den entscheidenden Part spielen. Erinnern wir uns: Der Händler sagt: *Meine Preise sind billig*, d. h. ‚angemessen‘; der Adressat interpretiert: *Angemessen* heißt ‚angemessen für mich, also niedrig‘. Und selbst dann, wenn der Händler dies nicht wirklich gemeint hat, wird er dazu tendieren, bei zukünftigen Verwendungen des Adjektivs *billig* diese Interpretation in Rechnung zu stellen. Denn wenn es dem Sprecher darauf ankommt, verstanden zu werden, sollte er die so genannte Humboldt-Maxime befolgen: „Rede so, wie du denkst, dass der andere reden würde, wenn er an deiner Statt wäre."[60] Auf diese Weise hat wohl auch das Adjektivs *günstig* in einem Ausdruck wie *ein günstiger Preis* seine perspektivische Bedeutung aus der Sicht des Kunden erhalten. Letztlich gibt es für Sprachwandel immer nur genau eine Ursache: Die Sprecher/ Hörer modifizieren die Wahl ihrer sprachlichen Mittel. Die Gründe dafür können sehr verschieden sein. Aber bei all ihrer Diversität lassen sie sich ordnen und klassifizieren. Dies hängt damit zusammen, dass Kommunizieren, wie in Keller 1995 de-

---

58 Cf. Kapitel 1.3.
59 Cf. Kapitel 1.3.
60 Keller ²1994: 136, sinngemäß formuliert nach Humboldt 1836/1907: 47.

taillierter dargestellt wurde[61], prinzipiell eine rationale Tätigkeit ist. Sprecher und Hörer unterstellen sich wechselseitig, dass sie beim Kommunizieren das Rationalitätsprinzip (RP_H) befolgen, das sich hörerseitig wie folgt formulieren lässt:

(RP_H) Betrachte die Gesprächsbeiträge deiner Gesprächspartner als rationale Handlungen.

Was heißt es, von einer Handlung zu sagen, sie sei rational? Rational handeln heißt, aus den subjektiv gegebenen Handlungsmöglichkeiten diejenige auszuwählen und zu realisieren, die den höchsten subjektiven Nettonutzen verspricht. Die Einschränkung auf den subjektiv erwarteten Nutzen ist zum einen deshalb geboten, weil dem Handelnden die ihm objektiv gegebenen Möglichkeiten nicht bewusst oder präsent zu sein brauchen; zum anderen deshalb, weil das, was der eine als Nutzen betrachten, für einen anderen kein Nutzenfaktor sein muss. Der Nettonutzen einer Handlung ergibt sich aus dem Nutzen abzüglich der Kosten. Natürlich sind diese Faktoren beim Kommunizieren nicht quantifizierbar. Aber dennoch sind wir beispielsweise in der Lage abzuwägen, ob das in Bezug auf die Artikulationsenergie kostengünstigere *tschüs* in einer gegebenen Situation einen höheren Nettonutzen erwarten lässt als das aufwendigere *auf Wiedersehen*. Oftmals ist uns beispielsweise der erwartete Nutzen einer höflicheren Variante wert, mehr Artikulations- oder Schreibenergie aufzuwenden, als die weniger höfliche erfordern würde. Auch sprecherseitig lässt sich das Rationalitätsprinzip (RP_S) in Form einer Maxime formulieren:

(RP_S) Rede so, dass du deine kommunikativen Ziele erreichst – bei möglichst geringen Kosten.

Natürlich sind unsere kommunikativen Ziele nicht beschränkt darauf, dass der Gesprächspartner versteht, was der Sprecher meint. Etwas meinen heißt – ein wenig vereinfacht frei nach

---

Grice[62] – etwas tun in der Absicht, den anderen zu beeinflussen, und zwar dadurch, dass man ihm zu erkennen gibt, in welcher Weise man ihn zu beeinflussen beabsichtigt. Wenn der andere verstanden hat, was ich mit einer Äußerung meinte, so hat er genau das erkannt, was ich ihm mit meiner Äußerung offen zu erkennen geben wollte. Damit müssen jedoch unsere kommunikativen Ziele beileibe nicht erschöpft sein. Betrachten wir ein simples Beispiel. Wer zu seinem Gesprächspartner sagt: *Du hast ein schönes Hemd an*, der meint damit – wenn es sich dabei nicht um eine ironische oder sonst irgendwie indirekte Äußerung handelt, dass der Sprecher findet, der andere hat ein schönes Hemd an. Das genau ist es, was er dem anderen zu verstehen geben will. Nun könnte es aber sein, dass der Sprecher dies lediglich sagt, um sich beim Hörer einzuschmeicheln. Dieses kann sogar sein vorrangiges kommunikatives Ziel sein. Der Sprecher wird aber in einem solchen Falle nicht beabsichtigen, dass der Hörer dieses Ziel erkennt. Mit anderen Worten: Der Sprecher intendiert immer, dass der Hörer erkennt, was der Sprecher meint. Der Sprecher kann aber auch Intentionen verfolgen, die über das Gemeinte hinausgehen; darunter können solche sein, von denen der Sprecher gerade nicht will, dass der Hörer sie erkennt. Wenn wir also sagen, dass es rational ist, seine sprachlichen Mittel so zu wählen, dass man seine kommunikativen Ziele mit möglichst geringen Kosten erreicht, so meinen wir die Gesamtheit der Ziele, nicht nur diejenigen, die das Gemeinte betreffen.

Welches sind die möglichen Ziele, die man beim Kommunizieren verfolgen kann? Natürlich lassen sie sich nicht aufzählen, denn es sind unendlich viele: eine Fahrkarte bekommen, die Schwiegermutter erschrecken, das Wohlgefallen Gottes erregen, die Sympathie der Busschaffnerin gewinnen usw. usw. Aber sie lassen sich auf einer hohen Abstraktionsebene klassifizieren. Wenn wir uns fragen, welche Arten von Nutzen wir mit unseren kommunikativen Unternehmungen anstreben können,

---

62 Cf. Grice 1969 / 79: 20 ff.

welche Nutzerwartungen wir beim Kommunizieren können und welche möglichen Kosten dabei anfallen, so kommen
wir zu folgendem Ergebnis:

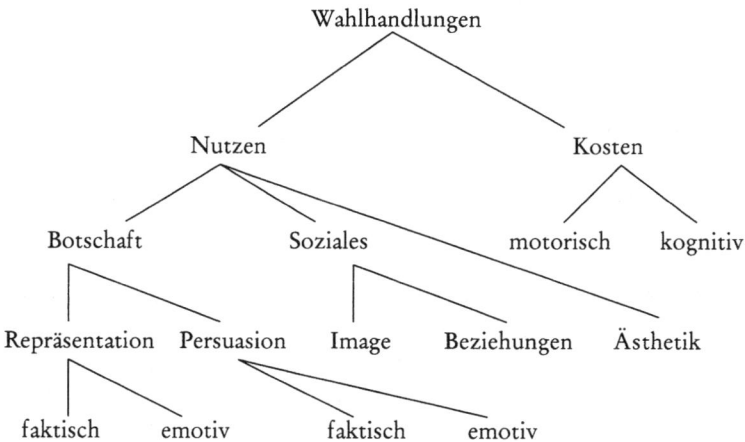

Dieser Baum ist aus der Perspektive des Sprechers formuliert;
und er ist folgendermaßen zu interpretieren: Wir versprechen
uns von unseren kommunikativen Unternehmungen Nutzen
und sind bereit, dafür Kosten zu tragen. Die Kosten betreffen
motorische Energie und kognitive Anstrengung. (Kommunizieren kostet auch Zeit und eventuell Geld. Da diese Faktoren
jedoch keinen Einfluss auf den Sprachwandel haben, wollen wir
sie hier vernachlässigen.) Den Nutzen unserer kommunikativen
Akte können wir im Bereich der Botschaft sehen und/oder im
Bereich des Sozialen. Darüber hinaus können wir ästhetischen
Nutzen anstreben. Die Nutzenerwartungen des Sprechers auf
der sozialen Seite können die Selbstdarstellung und/oder die
Beziehung betreffen – wobei selbstverständlich auch die Beleidigung eine Form des Beziehungsmanagements ist. Auf der Seite der Botschaft können wir das Ziel haben, etwas darzustellen
– dies ist mit **Repräsentation (R)** gemeint – und/oder jemanden
zu überzeugen – dafür steht **Persuasion (P)**. Beides, sowohl die
Repräsentation als auch die Persuasion, kann sich auf Sachver-

halte beziehen oder auf Empfindungen, Haltungen bzw. Einstellungen. Dies sollen die Termini **faktisch (f)** und **emotiv (e)** andeuten. Einen Sachverhalt darstellen heißt, dem anderen zu erkennen geben, was man selbst für wahr hält:

(R_f) Ich will, dass du weißt, was ich glaube.

Analog dazu heißt eine Empfindung, Haltung bzw. Einstellung darstellen, dem anderen zu erkennen geben, welche Empfindung man hat, welche Haltung bzw. Einstellung man einer Sache (einem Menschen, einem Sachverhalt) gegenüber einnimmt:

(R_e) Ich will, dass du weißt, was ich empfinde (etc.).

Betrachten wir nun die Persuasion. Jemanden überzeugen heißt, den andern dazu bringen, die eigene Überzeugung zu teilen. Üblicherweise denken wir bei der Persuasion immer an die faktische Persuasion. Dass es auch emotive Persuasion gibt, scheint man bislang übersehen zu haben. Jemanden überzeugen heißt, jemanden von einem Glauben überzeugen:

(P_f) Ich will, dass du ebenfalls glaubst, was ich glaube.

Emotive Persuasion ist durch das deutsche Verb *überzeugen* jedoch nicht abgedeckt:

(P_e) Ich will, dass du ebenfalls empfindest, was ich empfinde, bzw. ich will, dass du so fühlst, wie ich fühle, bzw. ich will, dass du x gegenüber die Haltung einnimmst, die ich einnehme.

Wir vermuten, dass das Ziel, jemanden emotiv zu „überzeugen" – ihn beispielsweise gefühlsmäßig mitzureißen – erklärt, weshalb neben Adjektiven wie *gut* oder *hervorragend* überhaupt Ausdrücke wie *irre, toll, geil* entstehen. Wir werden auf diesen Gedanken zurückkommen. Es scheint Diskurse zu geben, deren Raison d'être nicht in erster Linie darin besteht, zu einer Gemeinsamkeit der Meinungen zu gelangen, sondern zu einer Gemeinsamkeit der Gefühle. Kaffeekränzchen, Stammtische und Jugendtreffs dürften beispielsweise bevorzugte Orte solcher

Diskurse sein. Zusammengefasst können wir sagen: Kommunikative Unternehmungen sind gemeinhin rationale Unternehmungen, deren Rationalität darin besteht, in dem dargestellten Geflecht der Nutzen und Kostenerwartungen den subjektiven Nettonutzen zu optimieren.

Die Rolle des Adressaten haben wir bislang vernachlässigt. Wie wir am Beispiel des Bedeutungswandels des Adjektivs *billig* gesehen haben, spielt auch er beim Sprachwandel bisweilen eine Rolle – vor allem immer dann, wenn Re-Analyse im Spiel ist. Involviert ist der Adressat außerdem immer aufgrund der bereits erwähnten allgegenwärtigen Humboldt-Maxime. Der Sprecher stellt sich antizipativ auf die Sprachgewohnheiten und die Sprachkompetenz des Hörers ein. Das wirkt zum einen stabilisierend und sorgt dafür, dass die Sprache „zusammenhält"; zum anderen kann dies aber auch veränderungsbeschleunigend wirken. Letzteres ist dann der Fall, wenn der Sprecher eine neue Interpretation des Hörers antizipiert – die er selbst möglicherweise noch für abweichend hält – und seinen eigenen Sprachgebrauch dann auf den Hörer einstellt. So mancher wird in bestimmten Situationen sagen, es gebe *zwei Alternativen* obwohl er im Grunde genommen der Ansicht ist, dass es *eine Alternative* heißen sollte. Generell kann man in Bezug auf die Rationalität kommunikativen Handelns Folgendes festhalten: Ein Sprecher, der bemüht ist, seine kommunikativen Nettonutzen zu optimieren, tut gut daran, die Kosten-Nutzen-Kalkulation des Hörers mit zu bedenken. Er sollte zusehen, dass auch dessen Kosten-Nutzen-Bilanz möglichst positiv ausfällt, denn nur dann wird er ihm auf längere Sicht als Kommunikationspartner zur Verfügung stehen. Dies ist das Prinzip des adressatenorientierten Kommunizierens. Wir wollen diesen Gedanken hier nicht allzu sehr vertiefen, sondern lediglich auf Folgendes hinweisen: Die möglichen Nutzenerwartungen des Hörers verhalten sich nicht einfach spiegelbildlich zu denen des Sprechers. **Persuasion** und **Image** haben in dem Kosten Nutzen Baum des Hörers keine Entsprechungen:

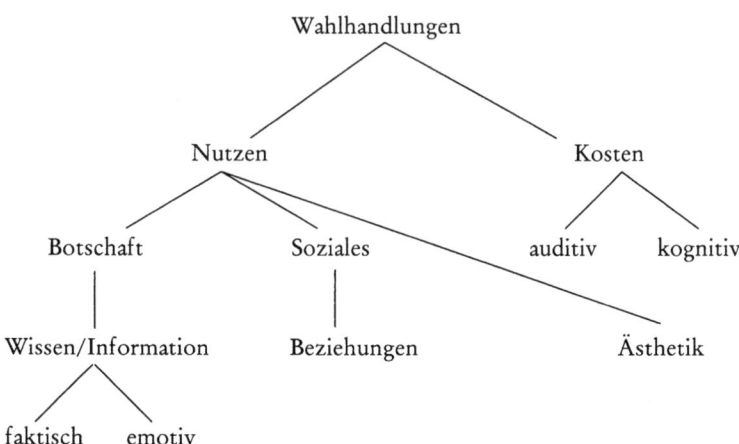

Der Grund dafür ist Folgender: Der Hörer hört dem Sprecher normalerweise nicht zu mit dem Ziel, ihm Gelegenheit zur Selbstdarstellung zu geben. Im Zuge von Bewerbungsgesprächen oder -vorträgen und von Kommunikation mit kleinen Kindern, mag dies bisweilen vorkommen, in normalen Kommunikationssituationen jedoch nicht. Der Hörer hört dem Sprecher normalerweise auch nicht zu in der Absicht, sich von diesem überzeugen zu lassen. Der Hörer strebt beim Kommunizieren beispielsweise nach Information, Zuwendung und Kurzweil, nicht danach, vom Sprecher imponiert zu sein oder überzeugt zu werden. Ein Sprecher, der diese Ziele hat, muss sie huckepack erreichen, in dem er dem Hörer das liefert, was er erwartet, und zwar so, dass es imponierend und überzeugend wirkt. Dieser Mechanismus ist der Grund dafür, weshalb im Bereich der Werbung und Jugendgruppen sprachliche Kreativität so groß geschrieben wird.

Kommen wir zurück zur Sprecherseite. Wir können die in dem Kosten-Nutzen-Baum eher abstrakt formulierten Kommunikationserwartungen herunterbrechen zu handfesteren Kommunikationsmaximen und so beschreiben, wie die Gleichförmigkeit der Wahlhandlungen zustande kommt, die notwendig ist, damit Sprach- bzw. Bedeutungswandel entsteht. Denn erinnern wir uns: Wenn Leute kreuz und quer über den Rasen gehen, entsteht kein Trampelpfad; er entsteht nur dann, wenn sie quasi koordiniert handeln. Und dieser Koordinationseffekt entsteht dadurch, dass sie nach einer gemeinsamen Strategie verfahren. Das Handeln nach Strategien lässt sich theoretisch beschreiben mit Hilfe von so genannten Handlungsmaximen. Wir wollen Maximen, die die Wahl kommunikativer Handlungen mitbestimmen, Kommunikationsmaximen (**KM**) nennen. Darunter sollen auch hörerseitige Interpretationsmaximen subsumiert sein.

Eine der prominentesten Maximen ist die bereits genannte Humboldt-Maxime.

(**KM₁**) Rede so, wie du denkst, dass der andere reden würde, wenn er an deiner Statt wäre.

Wie bereits angedeutet, ist es dem Kommunizieren nach dieser Maxime zu verdanken, dass die Sprache einer Kommunikationsgemeinschaft zusammenwächst bzw. zusammenhält und sich nicht auseinander entwickelt. Denn das System der wechselseitigen Antizipation der Sprachgewohnheiten führt auf lange Sicht zu sprachlicher Homogenität. Im Grunde genommen ist dies ein Spezialfall eines sehr allgemeinen Prinzips sozialen Handelns: „Nutze dein Wissen über die Fähigkeiten deines Gegenübers für deine eigenen Ziele." Die Humboldt-Maxime ist in den vielen Fällen äquivalent mit der Maxime (**KM₂**):

(**KM₂**) Rede so, dass du verstanden wirst.

Denn die beste Garantie dafür, dass du meine kommunikativen Handlungen verstehst, ist die, so zu handeln, wie (ich denke, dass) du handeln würdest, wenn du an meiner Stelle wärst. Sie führt dazu, dass der Sprecher die Interpretation vom Hörer übernimmt.

Die Maximen (**KM₁**) und (**KM₂**) sorgen also nur dann für Wandel, wenn die Ausgangslage heterogen ist; dann nämlich sorgen sie für Homogenität. Andernfalls, bei homogener Ausgangslage, sorgen sie für Stase. Nicht zu verwechseln mit der Maxime (**KM₂**) ist die Maxime (**KM₃**):

(**KM₃**) Rede so, dass du nicht missverstanden wirst.

Sie führt beispielsweise dazu, dass die Sprecher unter gewissen Rahmenbedingungen bestimmte Verwendungsweisen von Wörtern vermeiden – zum Beispiel bei Homonymen, deren beiden Lesarten in ein und demselben Kontext eine sinnvolle Interpretation haben (siehe *englisch*) oder bei Adjektiven, für die sich eine metaphorische und damit bewertende Verwendungsweise etabliert (siehe *blöde*). Außer in diesen Fällen, wo es darum geht, systematisch auftretende Möglichkeiten des Missverständnisses zu vermeiden, spielen diese beiden Maximen keine Rolle für den Wandel der Sprachen sondern – was nicht minder wichtig ist – für deren relative Stabilität und Homogenität.

4.5 Pfade des Bedeutungswandels

Mit der Maxime des Verstehens und des Vermeidens von Missverstehen bewegen wir uns in Bezug auf den Kosten-Nutzen-Baum noch weit oben. Verstanden zu werden und nicht missverstanden zu werden ist normalerweise eine generelle notwendige Voraussetzung dafür, dass die Nutzenerwartungen des Sprechers erfüllbar sind. Verstanden zu werden ist nicht das Ziel des Kommunizierens, sondern ein notwendiger Zwischenschritt, um die Kommunikationsziele erreichen zu können. (Einige Ziele – z. B. für hoch intelligent gehalten zu werden – kann man hierzulande bisweilen dadurch erreichen, dass man sich unverständlich ausdrückt.) Generell kann man sagen, dass Kommunikationsmaximen, die im Dienste der Erreichung der Ziele auf der Seite der Botschaft stehen, eher zur Stabilität der Sprache beitragen als zu deren Wandel. Wer nichts will, als darstellen (s. R_f und R_e) sowie faktisch überzeugen (s. P_f), der muss sich klar, deutlich und konsistent ausdrücken und die Wahrheit sagen. Das sind im Wesentlichen die Grice'schen Konversati-

onsmaximen.[63] Und das legt Grice ja auch selbst nahe, indem er
sagt: „Ich habe meine Maximen hier so formuliert, als bestünde
dieser Zweck in maximal effektivem Informationsaustausch."[64]
Hinzu kommt, dass das Ziel der faktischen Persuasion nicht
auf der Wortebene realisiert wird. Eine Ausnahme macht der
Bereich der bereits erwähnten emotiven Persuasion (s. P_e). Faktisch überzeugt man den anderen, indem man sich glaubhaft
ausdrückt. Glaubhaft im faktischen Bereich ist man, wenn man
sich klar, konsistent, deutlich etc. ausdrückt (s. o.). Wer überzeugen will, muss wahrhaftig wirken. Wie aber ist man glaubhaft und damit überzeugend im emotiven Bereich? Wer jemandem kondoliert und dabei grinst, der macht etwas falsch. Wer
mit gelangweilter Miene berichtet, wie unsterblich verliebt er ist,
erweckt Misstrauen. Mit anderen Worten, wer über seine Gefühle redet und dabei glaubwürdig sein will, der muss sie auch
„zeigen"! Er kann sich nicht darauf beschränken zu sagen, dass
er sie „hat". Wie aber zeigt man Gefühle? Natürlich durch Ges-
ten, Mimik und gegebenenfalls auch durch Taten, also durch
außersprachliche Mittel. Es gibt aber auch sprachliche und pa-
rasprachliche Mittel, die dazu dienen, von Gefühlen zu sagen,
dass man sie hat und dies zugleich zu zeigen. Das parasprachli-
che Mittel ist die Intonation und das sprachliche der Gebrauch
expressiver Ausdrücke, und expressive Ausdrücke sind immer
zugleich evaluativ: *irre, wahnsinnig, ätzend, geil, scharf, sagen-
haft, traumhaft, phantastisch* etc. Sie sind allesamt entstanden
durch Metaphorisierung ehemals rein deskriptiver Adjektive,
die Extremsituationen ansprechen, also entweder Zustände des
Kontrollverlusts (*irre, toll, geil*)[65], des Irrealen (*fabelhaft, sagen-
haft, phantastisch*) oder des Schmerzes (*ätzend, scharf*) bezeich-
neten. Wer zu seiner Freundin nach einem gemeinsamen Kino-
besuch sagt, der Film sei schön gewesen oder gut, der gibt seine

---

63 Cf. Keller 1995: 204 und 216f.
64 Grice 1975 / 1979: 250.
65 Das Adjektiv *geil* scheint neuerdings als Lehnwort Eingang in den Jugend-
   jargon der Niederlande gefunden zu haben (Marion Aptroot, persönliche
   Mitteilung).

Wertschätzung kund ohne besondere Emphase. Er stellt seine Haltung zu dem Film dar. Sein Ziel ist emotive Repräsentation. Wer ihn hingegen *irre* oder *phantastisch* nennt, der versucht, die eigene Begeisterung auf den anderen zu übertragen und erwartet Zustimmung. Sein Ziel ist emotive Persuasion. Damit ist ein wichtiger Pfad des Bedeutungswandels identifiziert: Deskriptive Ausdrücke, die dazu dienen, körperliche Grenzsituationen zu bezeichnen, können durch Metaphorisierung zu expressiv-evaluativen Ausdrücken werden, die der emotiven Persuasion dienen. Wenn wir zwischen den Absichten der Sprecher und der sprachlichen Realisierung dieser Absichten auf der Wortebene unterscheiden, lässt sich dieser Pfad (Pfad 1) folgendermaßen in den unteren Teil unseres Kosten-Nutzen-Baums integrieren:

(Pfad 1)

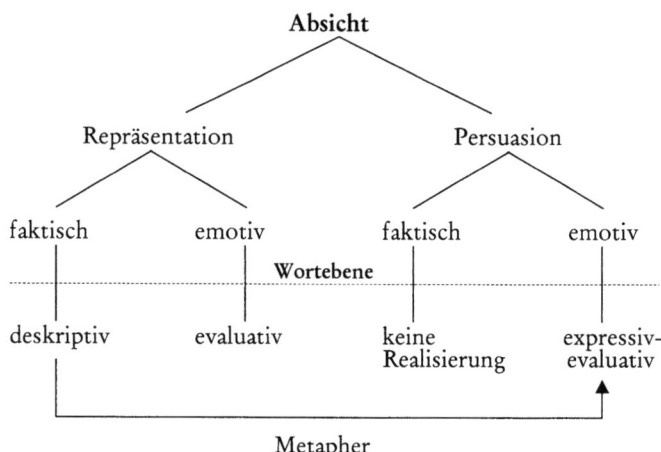

Wie wir bereits festgestellt haben, verzeichnen Ausdrücke rück-
läufige Expressivität bei steigender Frequenz. Das liegt einfach
daran, dass emphatische Gefühle oder Haltungen Ausnahme-
zustände sind. Wer sie ständig zu haben vorgibt, verliert seine
„emotive Glaubwürdigkeit". Oder andersherum gesehen: Wenn
solche expressiven Ausdrücke sehr oft verwendet werden, kann
die Annahme der „emotiven Glaubwürdigkeit" nur aufrechter-
halten bleiben, wenn der Hörer unterstellt, dass diese Ausdrücke nicht mehr dazu verwendet werden, Emphase zum Ausdruck
zu bringen, sondern nur noch zum Ausdruck der Wertschätzung dienen. Ein solcher Prozess hat zum Ergebnis, dass sich
neue Gebrauchsregeln etablieren und ein Wandel von expressiv-
evaluativer Bedeutung zu rein evaluativer Bedeutung zu verzeichnen ist. Ein solcher Prozess hat bei dem Adjektiv *toll* bereits vor langer Zeit stattgefunden und scheint bei dem Adjektiv
geil derzeit gerade im Gange zu sein. Wenn ich von einem Film
sage, er sei toll gewesen, versuche ich nicht, meinen Gesprächspartner „mitzureißen" sondern teile ihm meine wertschätzende
Haltung mit. Wer einem Gegenstand gegenüber eine Haltung
zum Ausdruck bringt, der bewertet den Gegenstand. Insofern
sind alle Adjektive, deren Verwendung und Interpretation auf
emotiv-beschreibender oder emotiv-persuasiver Absicht basieren, auch evaluativ. Der letztgenannte Pfad, Pfad 2, markiert
eine der beiden Möglichkeiten, wie ein Adjektiv evaluative Bedeutung bekommen kann, nämlich auf dem Umweg über die
expressiv-evaluative Bedeutung mit anschließendem „emotive
bleaching", einem Verblassen des expressiven Bedeutungsan-
teils. Für alle expressiv-evaluativen Ausdrücke, die mit hoher
Frequenz verwendet werden, ist der Weg vorgezeichnet: Entweder sie verschwinden ganz aus dem Sprachgebrauch und werden durch frischere Ausdrücke abgelöst – das ist beispielsweise
mit dem in den 60er Jahren so beliebten Wort *dufte* passiert –
oder sie verlieren an Expressivität und werden mit der Zeit zu
Ausdrücken, mit denen man seine Haltung zum Ausdruck
bringt. Damit ist ein weiterer Pfad identifiziert:

(Pfad 2)

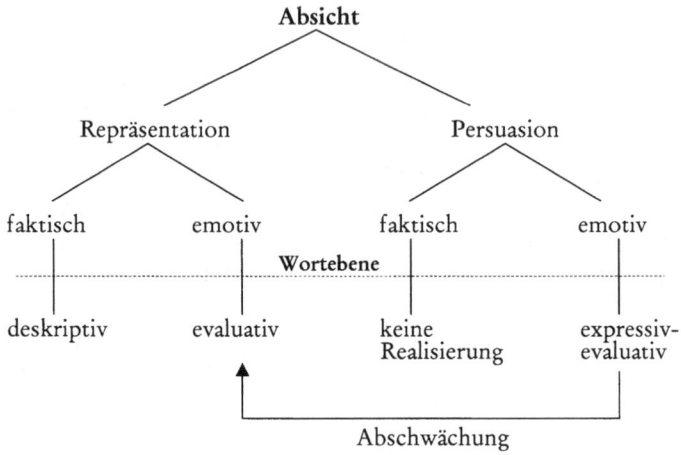

Es gibt auch den direkten Weg zur evaluativen Bedeutung
(Pfad 3): Ein deskriptives Adjektiv wird zwecks emotiver Repräsentation metaphorisch oder metonymisch verwendet und
erhält dadurch einen evaluativen Sinn. Wenn dieser dann durch
hinreichende Frequenz lexikalisiert ist, wird daraus ein Ausdruck mit evaluativer Bedeutung. Auf dem metaphorischen Wege sind so die derzeitigen Bedeutungen der Adjektive *dumm*,
blöde, *kindisch*, *stark*, *phantastisch* und vieler anderer entstanden. Mit Hilfe des metonymischen Verfahrens entstanden beispielsweise die Bedeutungen von *bequem*, *umständlich*, *anständig*, *teuer* und anderer. Dieser Pfad von der deskriptiven zur
evaluativen Bedeutung ist der am häufigsten beschrittene. Der
Grund dafür ist Folgender: Das metaphorische Verfahren ist
Teil der Sprachkompetenz eines jeden Sprechers, das keineswegs
beschränkt ist auf die literarische oder sonst irgendwie besonders anspruchsvolle Rede. Es ist Teil des normalen Kreativpro-
gramms eines jeden Sprechers, der Fähigkeit, neuen Sinn mit
altem Material zu erzeugen. Jeder weiß, dass in der Feststellung
Er arbeitet ab morgen unter einem neuen Chef die Präposition

unter nicht im wörtlichen räumlichen Sinne, sondern im Sinne einer Hierarchie zu interpretieren ist. Jedes Kind kann eine Äußerung wie *Peter ist ein Wackelpudding* situationsadäquat bilden und auch metaphorisch interpretieren. Wir können davon ausgehen, dass jeder Ausdruck, der eine sinnvolle metaphorische Interpretation erlaubt, auch hin und wieder metaphorisch verwendet wird. Nun können wir bei Adjektiven Folgendes feststellen: Für jedes deskriptive Adjektiv unseres Grundwortschatzes ist eine sinnvolle metaphorische Verwendung ohne Probleme denkbar: *hart, weich, klein, kantig, glatt, rau, kalt, schleimig, trocken* usw. Und immer dann, wenn ein solches Adjektiv metaphorisch auf einen Menschen oder eine den Menschen betreffende Situation bezogen wird, bekommt es einen evaluativen Sinn. Mit anderen Worten, unser Adjektivwortschatz ist ein reiches Repertoire, um mit Hilfe des metaphorischen Verfahrens Bewertungen zu erzeugen. Wenn diese bewertenden Verwendungsweisen dann an Frequenz gewinnen, wird der metaphorische Sinn zu einer neuen Bedeutung und das entsprechende Adjektiv wird kurzfristig oder auch dauerhaft ambig:

(**Pfad 3**)

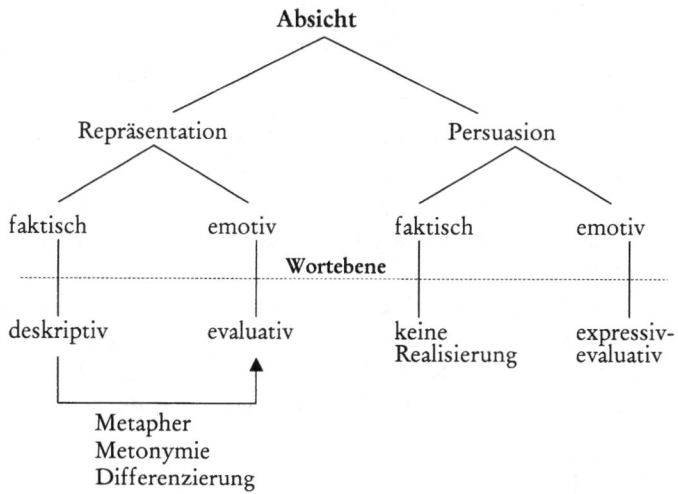

Für einige wenige unserer grundständigen Adjektive trifft dies nicht zu, für *gut, schlecht, schön* und *hässlich*. Sie lassen sich nicht metaphorisch verwenden. Unabhängig davon, ob wir *gut* auf ein Stück Brot, ein Werk von Picasso oder den Charakter einer Person beziehen, in jedem Falle liegt wörtlicher Gebrauch vor. Warum ist das so? Um dies zu verstehen, müssen wir uns vergegenwärtigen, wie Metaphern funktionieren. Wer eine Metapher verwendet, fordert den Adressaten implizit auf, etwas als etwas anderes zu sehen. Er prädiziert von einem Referenzobjekt Eigenschaften, die diesem Referenzobjekt nicht wirklich zukommen oder zukommen können – in der Hoffnung, dass der Adressat das Referenzobjekt im Lichte dieser Eigenschaften betrachtet und auf dem Wege der Assoziation zu Erkenntnissen über dieses Referenzobjekt kommt. Daraus folgt: Metaphern haben immer prädikative Struktur.[66] Und die zu metaphorisierenden Adjektive müssen notwendigerweise eine bereichsspezifische Verwendung haben – nur dann lassen sie sich auf einen anderen Bereich „übertragen". Beides trifft auf die rein evaluativen Adjektive *gut, schön, schlecht* und *hässlich* nicht zu. Gut zu sein ist keine Eigenschaft. Ein guter Vater, eine gute Leberwurst und ein guter Vorschlag haben nicht etwa eine Eigenschaft gemeinsam, nämlich die der Güte. Einen Vater oder eine Leberwurst gut zu nennen heißt vielmehr, von diesen Referenzobjekten eine billigende Haltung zum Ausdruck zu bringen auf der Basis von Eigenschaften, die ihrerseits ungenannt bleiben. Wer hingegen jemanden z.B. sparsam nennt, gibt damit zugleich an, auf welche Eigenschaften sich die billigende Haltung bezieht – nämlich auf die des Umgangs mit Geld. Der Gebrauch des Adjektivs *gut* ist auch nicht bereichsspezifisch wie etwa *rüstig* oder *brav*. Im wörtlichen Sinne lässt sich *rüstig* lediglich auf ältere Menschen applizieren und *brav* nur auf Lebewesen, die zu regelgeleitetem Verhalten fähig sind. Sobald ein solches Adjektiv bereichsfremd verwendet wird – *ein rüstiges Parteiprogramm, eine brave Zimmerpflanze* – entsteht

---

66 Cf. Keller 1995: 224.

metaphorischer Sinn. Da die Bedeutungen der Adjektive *gut*, *schön* etc. keine deskriptiven Anteile haben, haben sie auch keinen genuinen Applikationsbereich. Seine positive Haltung kann man jedwedem Ding und jedwedem Phänomen gegenüber zum Ausdruck bringen, ohne Bereichsgrenzen zu überschreiten. Dies sind die beiden Gründe, weshalb sich solche Adjektive prinzipiell eines metaphorischen oder metonymischen Gebrauchs entziehen.

Nun bleibt uns noch ein möglicher Pfad offen – der von evaluativer Bedeutung zu deskriptiver (Pfad 4). Wie wir gesehen haben, lässt sich durch Metaphorisierung sehr leicht mit Hilfe eines deskriptiven Adjektivs evaluativer Sinn erzeugen. Gibt es auch einen Weg zurück? Die Antwort lautet: Ja, es gibt ihn, aber er wird nur selten beschritten:

(Pfad 4)

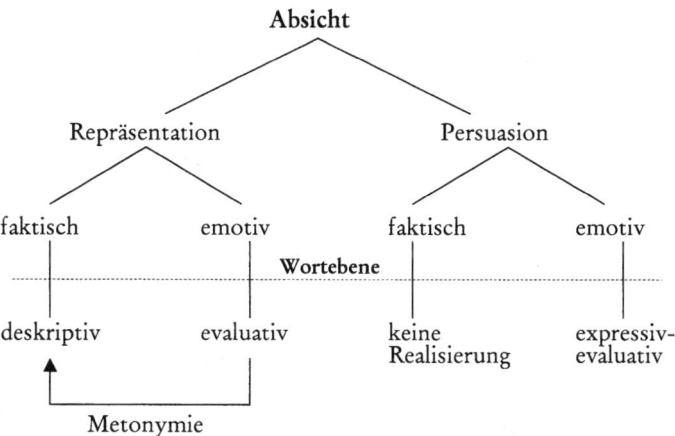

Das einzige Beispiel, das uns in unserem Korpus begegnet ist, ist das Adjektiv *zierlich*. Das Adjektiv diente dem Ausdruck ästhetischer Wertschätzung von etwas, das Menschen zieren kann, wobei die Basis, auf der die Wertschätzung beruht, nicht explizit genannt wird:

(4) Diese Tante war unter den Geschwistern die lebhafteste. Wenn meine
    Mutter, in jüngern Jahren, sich in reinlicher Kleidung bei einer *zierli-*
    chen weiblichen Arbeit oder im Lesen eines Buches gefiel, so fuhr je-
    ne in der Nachbarschaft umher, um sich dort versäumter Kinder an-
    zunehmen, (...). *(DuW.1 41:36-42:2)*

Zierliche Arbeit war für Goethe Arbeit, die ziert. Über ihre Gestalt war damit nichts gesagt. *Zierlich* bezeichnet also wie *gut*
keine Eigenschaft, ist aber, anders als *gut*, bereichsspezifisch.
Offensichtlich diente *zierlich* mit der Zeit dazu, die prototypi-
schen Eigenschaften eines Gegenstandes, der ziert, zu bezeichnen – nämlich klein und fein zu sein: „schon mehrfach fand
sich bei *zierlich* für die feine, aber verzierte Form und die künst-
lerische gestaltung die bedeutungsrichtung zum feinen und kleinen angedeutet. dieser Gebrauch setzt im frühen nhd. vereinzelt
ein und wird in moderner sprache vorherrschend, (...)." (DWb
31, 1207). Mit anderen Worten: Dem Bedeutungswandel von
zierlich liegt eine Metonymie zugrunde: Wenn etwas einen Menschen ziert, dann ist es in der Regel klein und fein. Diese „Bedeutungsrichtung" findet sich dementsprechend ebenfalls bei
Goethe:

(5) „Warum nicht!" versetzte sie, nahm ein paar leere Flaschen vom Tisch
    und eilte fort. Ihre Gestalt war von der Rückseite fast noch *zierlicher.*
    Das Häubchen saß so nett auf dem kleinen Kopfe, den ein schlan-
    ker Hals gar anmutig mit Nacken und Schultern verband. *(DuW.1*
    167:24-28)

An dieser Stelle wollen wir auch auf ein Phänomen hinweisen,
das in der Literatur als **Subjektivierung** bekannt ist. Darunter
wird allgemein die Tendenz verstanden, dass Haltungen, Bewertungen und Einstellungen der Sprecher zu Gebrauchsbedingungen von Wortbedeutungen werden.[67] Die von uns herausge-
arbeitete Entwicklungsrichtung *faktisch > emotiv* hat Subjektivierung als Effekt. Bisher wurde diese jedoch meist als uni-
direktionaler Prozess begriffen, d. h., es wurde übersehen, dass
es auch Fälle von **Objektivierung** gibt. Beispiel hierfür ist der

---

67 Cf. Traugott 1989.

gerade genannte Wandel von *zierlich* sowie der Wandel von *billig* ‚angemessen' zu ‚günstig in Bezug auf Preise'. Auch in diesem Fall hat ein evaluatives Adjektiv zunächst einmal an Bewertung verloren und an Deskriptivität (‚in Bezug auf Preise') gewonnen. Zum Abschluss möchten wir noch einmal betonen, dass auch Sprachpolitik oder Sprachplanung den Invisible-Hand-Mechanismus nicht außer Kraft setzt. Vorschriften wie sie etwa die Académie Française für die französische Sprache erlässt, stellen lediglich einen Faktor der Ökologie des Handels der Sprecher dar. Über die Wahl möglicher Handlungen unter den gegebenen Bedingungen ist damit jedoch noch nichts gesagt. Anders ausgedrückt: Ob sich die Sprecher auch wirklich an die Vorschriften halten, bleibt offen. Dies veranschaulicht eine Studie von Daniels, der das *Wörterbuch zur Erklärung und Verdeutschung der unserer Sprache aufgedrungenen fremden Ausdrücke* von Joachim Heinrich Campe aus dem Jahre 1813 u. a. daraufhin untersucht hat, welche der Fremdwortverdeutschungen sich wirklich durchgesetzt haben. Eine Vielzahl der von Campe geplanten Verdeutschungen ist nämlich von den Sprechern nicht übernommen worden (im Adjektivbereich z. B. *kriegskünstig* statt *militärisch*; *geheimlehrig* statt *mysteriös*) oder hat es nicht geschafft, das entsprechende Fremdwort zu verdrängen, so dass heute Fremdwort und Campe'sche Wortprägung nebeneinander existieren (z. B. *romantisch – wundersam*).[68] In einigen wenigen Fällen erweist sich der ökologische Faktor jedoch als sehr wirkungsvoll: So hat die Strategie der Gruppe der Homosexuellen, sich selbst als *Schwule* zu bezeichnen, um damit dem Wort *schwul* seine diskriminierende Funktion zu nehmen, faktisch einen Bedeutungswandel dieses Wortes bewirkt. Denn ein Wort, von dem bekannt ist, dass es die betreffende Gruppe zur Selbstcharakterisierung verwendet, eignet sich nicht mehr, zum Zwecke der Diskriminierung verwendet zu werden. Dass in diesem Fall eine Sprachplanung letztlich ihr Ziel erreicht hat, d. h., dass

---

68 Cf. Daniels 1959.

sich die einzelnen Sprecher der Gruppe auch an die Strategie gehalten haben, hängt jedoch mit der außergewöhnlichen Homogenität eben dieser Gruppe zusammen.

4.6 Zusammenfassung

Eine natürliche Sprache ist weder ein Naturphänomen noch ein Artefakt, sondern ein Phänomen der dritten Art, also eine unbeabsichtigte Folge intentionaler Handlungen. Der angemessene Erklärungsmodus sprachlicher Veränderungen im Allgemeinen und des Bedeutungswandels im Besonderen ist somit das Erklärungsmodell der Unsichtbaren Hand. Phänomene der dritten Art haben sowohl Eigenschaften von Naturphänomenen, die kausale Erklärungen verlangen, als auch Eigenschaften von Artefakten, die finaler Erklärungen bedürfen. Dieser Janushaftigkeit wird die Invisible-Hand-Theorie dadurch gerecht, dass sie für die Mikroebene einen finalen bzw. funktionalen Erklärungsanteil vorsieht und für die Makroebene einen kausalen Erklärungsanteil. Eine instrumentalistische Theorie des Bedeutungswandels lässt sich in ein solches Modell nahtlos integrieren: Auf der Mikroebene finden wir die kommunikativen Ziele der Sprecher sowie die sprachlichen Verfahren, die sie wählen, um ihre Ziele zu realisieren. Auf der Makroebene erscheinen dann die unbeabsichtigten Folgen dieser kommunikativen Unternehmungen, die verschiedenen Erscheinungen des semantischen Wandels. Der so genannte Invisible-Hand-Prozess stellt den Prozess der Genese einer neuen Konvention dar. Hier hat unter anderem auch das seinen Ort, was Coseriu „adaptacion" und was Croft „propagation" nennt. Es handelt sich dabei um einen Kumulationsprozess, zu dem sich aus den angeführten Gründen nicht viel sagen lässt. Semantische Veränderungen sind in jedem Falle die kausale, nicht intendierte Folge intentionaler Handlungen der Kommunikationsteilnehmer; wobei in den meisten Fällen – nicht aber in allen – die Sprecherseite die Hauptrolle spielt.

5. Fazit

Vergegenwärtigen wir uns noch einmal, wie Bedeutungswandel im Prinzip zustande kommt: Die Bedeutung eines Wortes ist die Regel seines Gebrauchs in der Sprache. Dieses Bedeutungskonzept geht davon aus, dass man das als Bedeutung ansehen sollte, was dem Hörer erlaubt (zusammen mit anderen Kenntnissen), die Äußerung zu interpretieren mit dem Ziel, sie zu verstehen. Von der Bedeutung eines Wortes ist begrifflich streng zu trennen der Sinn einer Wortverwendung in einem bestimmten Äußerungskontext. Wer nach der Bedeutung fragt, fragt nach der Gebrauchskonvention; wer nach dem Sinn fragt, möchte herausfinden, was der Sprecher in diesem speziellen Äußerungskontext gemeint hat. Die Kenntnis der Bedeutung der in der Äußerung verwendeten Ausdrücke (einschließlich der Syntax) ist normalerweise eine notwendige Bedingung für die Interpretation des Sinns der Äußerung – nicht aber eine hinreichende. Kontextwissen im weitesten Sinne ist in jedem Falle notwendig, um eine Äußerung zu verstehen. Selbst wenn der Sprecher alles schlicht und wörtlich gemeint hat, muss der Hörer beispielsweise ausschließen, dass der Sprecher nichts ironisch oder metaphorisch gemeint hat. Wenn der Hörer den wörtlichen Sinn mit Hilfe der Gebrauchsregeln erschlossen hat, muss er in jedem Falle die Äußerung zusätzlich einer Mittel-Zweck-Analyse unterziehen: „Was willst du mit dieser Äußerung bei mir bewirken?" Technisch gesprochen: Dem regelbasierten Schluss muss eine symptomische Schlussprozedur folgen. Wenn der Hörer einen bestimmten symptomischen Schluss mit einer gewissen Frequenz zu vollziehen genötigt ist, wird er dazu neigen, die Schlussprozedur gleichsam kurzzuschließen und das Ergebnis des symptomischen Schlusses als Gebrauchsbedingungen und damit als Teil der Bedeutung ansehen. So wird aus dem ehemaligen äußerungsspezifischen Sinn eine neue Bedeutung. Das ist – ganz allgemein gesehen – das Muster, nach dem Bedeutungswandel von den Sprechern und Hörern erzeugt wird.[69]

Der Wandel einer Regel, bzw. einer Konvention (wir verwenden Regel und Konvention hier synonym) kommt also als unbeabsichtigter Nebeneffekt unseres Kommunizierens zustande. Dieser Prozess muss zu keinem Zeitpunkt mit einem Regelverstoß einhergehen. Als unsere Vorfahren damit begannen, das Adjektiv *rüstig* vornehmlich auf ältere Menschen anzuwenden (um von ihnen auszusagen, dass sie weniger gebrechlich sind, als man eigentlich von ihrem Alter her erwarten könnte), verwendeten sie dieses Wort absolut regelkonform. Genau so regelkonform wäre es gewesen, vornehmlich kräftige Knaben rüstig zu nennen. Und innovativ war diese Verwendungsweise auch nicht. In diesem Fall ist die Innovation selbst ein nicht intendierter Nebeneffekt des eingeschränkten, aber durchaus regelkonformen Gebrauchs. Der Wandel der Gebrauchsregel von *rüstig* kam dadurch zustande, dass dieses Adjektiv von einem gewissen Zeitpunkt an offenbar vornehmlich auf ältere Menschen angewandt wurde. Da Menschen Regeln offenbar nach der Maxime induzieren „Generalisiere nur so weit, wie dies durch deine empirische Erfahrung abgedeckt ist" erzeugt diese Wahl der Sprecher zusammen mit dieser Analysemaxime eine neue Konvention.

Um den Bedeutungswandel in all seinen Facetten erfassen zu können, haben wir drei Faktoren voneinander unterschieden:

(a) Die Intentionen der Sprecher;

(b) Die Wahl der sprachlichen Mittel, mit denen sie diese Intentionen umsetzen;

(c) Die makrostrukturellen Folgen der Umsetzung dieser Intentionen.

Wie wir gesehen haben, sind Aussagen über die Sprecherintentionen, die den Wahlen der sprachlichen Mittel zugrunde lie-

---

69 Cf. Keller 1995: Kap. 15.

gen, oftmals kaum auszumachen. Denn wir sind darauf ange-
wiesen, sie aus der Wahl der Mittel per Rückschluss zu ermit-
teln. Eine wichtige Beobachtung kann man machen: Sprecher
scheinen sich generell sehr behutsam auszudrücken. Statt zu sagen *Er ist schon ein wenig gebrechlich*, ziehen sie es offenbar vor
zu sagen *Er ist noch rüstig*. Und wenn sie dann merken, dass
rüstig die Bedeutung dahingehend verändert hat, dass ein gewisses Maß an Gebrechlichkeit zur Gebrauchsbedingung geworden
ist, so vermeiden sie, dieses Wort auf Menschen anzuwenden,
für die sich die Frage der Gebrechlichkeit nicht stellt. Sehr viele,
wenn auch nicht alle, der von uns untersuchten Fälle haben ihren Ausgangspunkt in dem Bestreben der Menschen, sich schonend auszudrücken. (Vielleicht können systematische und ver-
gleichende Untersuchungen des Bedeutungswandels auch Auf-
schlüsse geben über die Kommunikationskultur einer Epoche.)
Als systematisch genutzte Mittel, deren sich die Sprecher bedienen, um ihre kommunikativen Ziele zu verwirklichen, konnten
wir Differenzierung, Metapher und Metonymie ausmachen.
Darüber hinaus fanden wir in unserem Korpus eine Reihe von
Kombinationen sowie Beispiele von Bedeutungswandel, die iro-
nischem Sprachgebrauch zu verdanken sind. Letztere haben wir,
da sie nicht häufig sind, der Restklasse „Sonderfälle" zugeordnet (Übersicht I, Seite 158).
Sodann haben wir uns mit den Resultaten des adjektivischen
Bedeutungswandels beschäftigt. Dabei interessiert uns vor allem der Wegfall einer Bedeutung, ein Phänomen, das in der historischen Semantik häufig vernachlässigt wird. Er ist gemeinhin
auf die Maxime „Vermeide Missverständnisse" zurückzuführen.
Sprecher neigen dazu, den Gebrauch eines Wortes zu vermeiden, wenn sie damit das Risiko, missverstanden zu werden, re-
duzieren können. Solange die alte Bedeutungsvariante erhalten
bleibt, obwohl eine neue entstanden ist, spricht man von Polysemie. Bei Adjektiven scheint es im Normalfall so zu sein, dass
die neue Bedeutung einen bewertenden Aspekt enthält, und
dies wiederum führt dazu, dass die alte Bedeutung – verding-
lichend gesprochen – verschwindet, und zwar genau dann,

Übersicht I: Die Verfahren

Metapher		Metonymie	Sonderfälle	Differenzierung
dumm	*stark*	*überflüssig*	*bequem*	*rüstig*
doof	*scharf*	*vorläufig*	*umständlich*	*brav*
blöde	*fabelhaft*	*gemein*	*rechts / links*	*artig / unartig*
schlicht	*wunderbar*	*gewöhnlich*	*ordentlich*	*ehrlich*
gestrig	*phantastisch*	*ordinär*	*anständig*	*witzig*
dramatisch	*toll*	*vulgär*	*gehörig*	*zudringlich*
theatralisch	*irre*	*merkwürdig*	*gefälligst*	*zweideutig*
prosaisch	*wahnsinnig*	*gemütlich*	*blau*	*braun, rot, blau*
kindisch	*geil*	*fromm*	*wert*	
tückisch	*befangen*	*historisch*	*billig*	
grün		*barock*	*teuer*	
schwarz, grau, weiß		*lächerlich*		
farbig		*ungemein*		
heiß		*zierlich*		

wenn die Verwendungsbereiche nicht so klar unterschieden sind, dass im praktischen Leben Missverständnisse so gut wie ausgeschlossen sind. Einen anderen Fall von Mehrdeutigkeit stellt die Homonymie dar. Dabei handelt es sich um lautlich identische Wörter, deren Bedeutungen keine semantische Verwandtschaftsbeziehung aufweisen. In unserem Korpus fanden sich nur zwei Homonyme: *englisch*₁ (,aus England stammend') und *englisch*₂ (,engelhaft') sowie *köstlich*₁ (,lecker, von hervorragendem Geschmack') und *köstlich*₂ (,kostbar'). Im Falle von *englisch* erzeugten die Sprecher das, was Linguisten traditionel-

lerweise „Homonymenflucht" genannt haben; im Falle von
köstlich kam es offenbar zu etwas, das man parallel dazu auf
verdinglichende Weise „Homonymenfusion" nennen könnte.
Generell aber ist zu beobachten, dass in dem von uns untersuchten Ausschnitt der Sprachentwicklung „Polysemenflucht"
viel häufiger vorkommt als die in der historischen Semantik so
häufig erwähnte Homonymenflucht.
Die folgende Tabelle gibt eine Übersicht über die Adjektive,
die eine Bedeutungsvariante durch „Polysemenflucht" verloren
haben.

Übersicht II: Folge des Bedeutungswandels: Polysemenflucht

Adjektiv	reduzierte Bedeutung	Adjektiv	reduzierte Bedeutung
rüstig	‚kräftig, vital'	*gemein*	‚gewöhnlich'
brav	‚tapfer, tüchtig'	*merkwürdig*	‚beachtenswert'
artig	‚ansprechend'	*gemütlich*	‚das Gemüt betreffend'
unartig	‚ungesittet, grob'	*barock*	‚verschnörkelt, verschroben'
ehrlich	‚anständig, geziemend'	*lächerlich*	‚spaßig, zum Lachen reizend'
witzig	‚klug, verständig'	*umständlich*	‚ausführlich'
blau	‚hell, glänzend'	*billig*	‚angemessen'
dumm	‚stumm'	*teuer*	‚vorteilhaft, lieb, wert, geschätzt'
doof	‚taub'	*recht(s)*	‚richtig'
blöde	‚schwach'	*link(s)*	‚schwach'
kindisch	‚kindlich'	*zudringlich*	‚unangenehm'
fabelhaft	‚erdichtet'	*gefälligst*	‚freundlichst, als Gefälligkeit'
toll	‚verrückt'	*überflüssig*	‚reichlich'
geil	‚fröhlich'	*vorläufig*	‚zeitlich vorausgehend'
befangen	‚erfassen'		

Zum Abschluss der Untersuchung haben wir, soweit uns dies möglich war, die Intentionen der Sprecher auf der Basis der Annahme, dass Kommunizieren ein rationales Unterfangen ist, klassifiziert, indem wir sie möglichen Nutzenfunktionen zugeordnet haben. Mit Hilfe eines Kosten-Nutzen-Baums, der die Mittel-Zweck-Rationalität des Sprechers abbilden soll, konnten wir verschiedene Pfade des adjektivischen Bedeutungswandels eruieren. Die verschiedenen Pfade des Bedeutungswandels können wir zu folgendem Schema zusammenfassen:

Übersicht III: Pfade des Bedeutungswandels

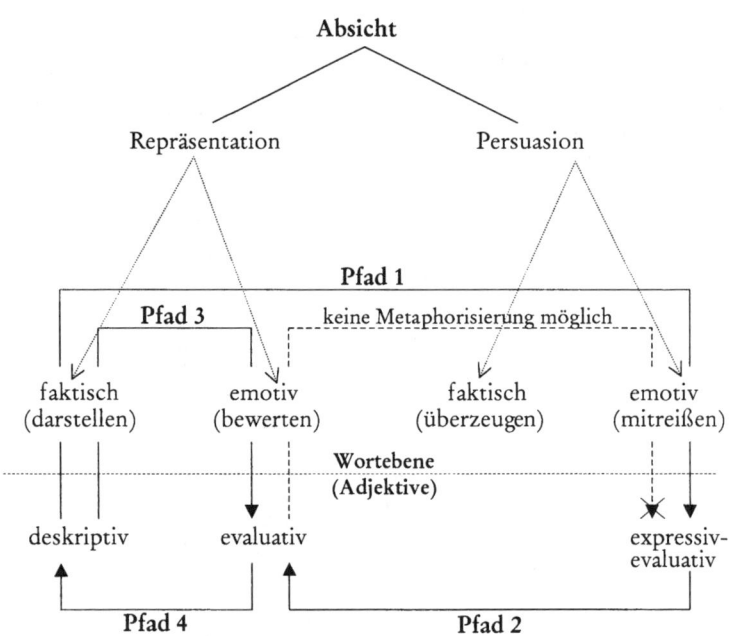

In dem Maße, in dem es gelingt, einen Fall von Bedeutungswandel als unbeabsichtigte Folge von rationalem Wahlverhalten
der Sprecher und Hörer zu identifizieren, in dem Maße ist es gelungen, diesen Fall von Bedeutungswandel zu erklären. Ob es
sich etwa im Falle der expressiv-evaluativen Bedeutungen von
scharf, stark, heiß oder neuerdings auch *fett* um bloße Mode-
erscheinungen handelt, die wieder völlig verschwinden werden
(wie *knorke* oder *dufte*), oder ob sie eine Entwicklung wie *toll*
nehmen, lässt sich nicht vorhersagen. Und dies hängt mit einem
grundsätzlichen Charakteristikum des Bedeutungswandels zusammen: Bedeutungswandel ist ein Invisible-Hand-Phänomen,
der nicht geplante Nebeneffekt des Kommunizierens zahlloser
Sprecher, die nichts anderes im Sinn haben, als ihre persönlichen aktuellen Kommunikationsziele zu verwirklichen.

Bibliographie

Textkorpus

Goethe: *Werke*. Auf der Textgrundlage der Hamburger Ausgabe. Elektronischer Text hrsg. u. bearb. v. Randall L. Jones, Helmut Schanze und Steven P. Sondrup. Tübingen 1990 (= Elektronische Bibliothek zur deutschen Literatur Bd. I).

Grimmelshausen von, Hans Jakob Christoffel (1668/1997): *Der Abenteuerliche Simplicissimus Teutsch*. München: Deutscher Taschenbuch Verlag.

Grammatiken und Wörterbücher

Adelung, Johann Christoph (1970): Grammatisch-kritisches Wörterbuch der hochdeutschen Mundart. Mit beständiger Vergleichung der übrigen Mundarten, besonders des Oberdeutschen. Vermehrte und verbesserte Reprographie der Ausgabe 1-4, Leipzig 1793-1801. Hildesheim: Olms.

Duden. Das große Wörterbuch der deutschen Sprache in 8 Bänden. (1993), herausgegeben von Günther Drosdowski. Mannheim: Dudenverlag.

Goethe-Wörterbuch (1978ff.), herausgegeben von der Deutschen Akademie der Wissenschaften zu Berlin, der Akademie der Wissenschaften zu Göttingen und der Heidelberger Akademie der Wissenschaften. Stuttgart, Berlin, Köln und Mainz: Kohlhammer.

Fischer, Paul (1929): *Goethe-Wortschatz*. Leipzig: Emil Rohmkopf Verlag.

DWb (1999): *Deutsches Wörterbuch von Jacob und Wilhelm Grimm*. Nachdruck. 33 Bd. München: Deutscher Taschenbuchverlag.

Kluge, Friedrich (1995): *Etymologisches Wörterbuch der deutschen Sprache*, bearbeitet von Elmar Seebold, 23. erweiterte Auflage. Berlin und New York: de Gruyter.

Paul, Hermann (1992): *Deutsches Wörterbuch*, 9. vollständig neu bearbeitete Auflage von Helmut Henne und Georg Objartel. Tübingen: Niemeyer.

Pfeifer, Wolfgang (1989): *Etymologisches Wörterbuch des Deutschen*. Berlin: Akademie-Verlag.

Wahrig, Gerhard (1991): *Deutsches Wörterbuch*. München: Bertelsmann.

Literatur

Aitchison, Jean (^{2}1995): *Language Change: Progress or Decay?*. Cambridge: University Press.

Beeh, Volker (1993): „Was ich dir sagen will". In: Deutsches Institut für Fernstudien an der Universität Tübingen (Hrsg.): *Funkkolleg Der Mensch*. Studienbrief 7. Hemsbach: Beltz Verlag. 7-20.

Benware, W. A. (2001): *On explaining language change: the present state of affairs*. Manuskript. Davis, University of California.

Berlin, Brent; Kay, Paul (1969): *Basic Color Terms: Their Universality and Evolution*. Berkeley: University of California Press.

Bierwisch, Manfred (1983): „Semantische und konzeptuelle Repräsentation lexikalischer Einheiten". In: *Studia Grammatica XXII. Untersuchungen zur Semantik*, herausgegeben von W. Motsch und J. Kunze. Berlin: Akademie Verlag. 61-99.

Bierwisch, Manfred (1987a): „Dimensionsadjektive als strukturierender Abschnitt des Sprachverhaltens". In: *Grammatische und konzeptuelle Aspekte von Dimensionsadjektiven*. Studia Grammatica, herausgegeben von Manfred Bierwisch und Edwald Lang. Band XXVI/XXVII. Berlin: Akademie Verlag. 1-28.

Bierwisch, Manfred (1987b): „Semantik der Graduierung". In: *Grammatische und konzeptuelle Aspekte von Dimensionsadjektiven*. Studia Grammatica, herausgegeben von Manfred Bierwisch und Edwald Lang. Band XXVI/XXVII. Berlin: Akademie Verlag. 91-286.

Blank, Andreas (1997): *Prinzipien des lexikalischen Bedeutungswandels am Beispiel der romanischen Sprachen*. Tübingen: Niemeyer.

Blank, Andreas & Koch, Peter (Ed.) (1999): *Historical semantics and cognition*. Berlin/New York: de Gruyter.

Brandt, Rüdiger (1989): „GEIL". Zu einigen Stationen der Bedeutungsentwicklung und zur ‚Umkehrung' der Wortgeschichte in der Gegenwartssprache. In: Ders., *Wortgeschichts- und Wortbedeutungsstudien*. Frankfurt a. M.: Peter Lang.

Burkhardt, Armin (1991): „Vom Nutzen und Nachteil der Pragmatik für die diachrone Semantik". In: *Diachrone Semantik und Pragmatik*, herausgegeben von Dietrich Busse. Tübingen: Niemeyer. 7-36.

Coseriu, Eugenio (1958/1974): *Sincronía, diachronía e historia. El problema del cambio lingüístico*. Montevideo: Universidad de la República, deutsch: *Synchronie, Diachronie und Geschichte. Das Problem des Sprachwandels*. München: Wilhelm Fink.

Croft, William (2000): *Explaining Language Change. An Evolutionary Approach*. Harlow: Pearson Education. Longman Linguistics Library.

Damm, Sigrid (1998): *Christiane und Goethe. Eine Recherche*. Frankfurt am Main: Insel Verlag.

Daniels, Karlheinz (1959): „Erfolg und Mißerfolg der Fremdwortverdeutschung. Schicksal der Verdeutschungen von J. H. Campe". In: *Muttersprache* 69. 46-54, 105-114, 141-146.

Fritz, Gerd (1974): *Bedeutungswandel im Deutschen. Neuere Methoden der diachronen Semantik*. Tübingen: Niemeyer.

Fritz, Gerd (1984): „Ansätze zu einer Theorie des Bedeutungswandels". In: *Sprachgeschichte – Ein Handbuch zur Geschichte der deutschen Sprache und ihrer Erforschung*, herausgegeben von Werner Besch, Oskar Reichmann & Stefan Sonderegger. 1. Halbband. Berlin/New York: de Gruyter. 739-753.

Fritz, Gerd (1995): „Metonymische Muster und Metaphernfamilien. Bemerkungen zur Struktur und Geschichte der Verwendungsweisen von *scharf*". In: *Der Gebrauch der Sprache. Festschrift für Franz Hundsnurscher zum 60. Geburtstag*, herausgegeben von Götz Hindelang, E. Rolf und W. Zillig. Münster: Lit. 77-107.

Fritz, Gerd (1998): *Historische Semantik*. Stuttgart/Weimar: Metzler.

Geeraerts, Dirk (1997): *Diachronic Prototype Semantics. A Contribution to Historical Lexicology*. Oxford: Clarendon Press.

Grice, Herbert Paul (1968/79): „Utterer's meaning, Sentencemeaning, and Word-meaning". In: *Foundations of Language* 4. 1-18, deutsch: „Sprecher-Bedeutung, Satz-Bedeutung, Wort-Bedeutung". In: *Handlung, Kommunikation, Bedeutung*, herausgegeben von Georg Meggle. Frankfurt am Main: Suhrkamp. 85-111.

Grice, Herbert Paul (1969/79): „Utterer's meaning and Intentions". In: *The Philosophical Review* 78. 147-177, deutsch: „Sprecher-Bedeutung und Intentionen". In: *Handlung, Kommunikation, Bedeutung*, herausgegeben von Georg Meggle. Frankfurt am Main: Suhrkamp. 16-51.

Grice, Herbert Paul (1968/79): „Logic and Conversation". In: *Syntax und Sematik*. Vol. 3. 41-58, deutsch: „Logik und Konversation". In: *Handlung, Kommunikation, Bedeutung*, herausgegeben von Georg Meggle. Frankfurt am Main: Suhrkamp. 243-265.

Humboldt, Wilhelm von (1836/1907): „Über die Verschiedenheit des menschlichen Sprachbaus und ihren Einfluß auf die geistige Entwicklung des Menschengeschlechts." *Gesammelte Schriften*. Band VII. Berlin: Behr.

Hundsnurscher, Franz (1988): „Über den Zusammenhang des Gebrauchs der Wörter. Eine methodologische Untersuchung anhand des deutschen Adjektivs GRÜN". In: *Poetica* 28. 75-103.

Hull, David L. (1988): *Science as a process: an evolutionary account of the social and conceptual development of science.* Chicago: University of Chicago Press.

Keller, Rudi (^{2}1994): *Sprachwandel.* Tübingen: A. Francke Verlag.

Keller, Rudi (1995): *Zeichentheorie.* Tübingen: A. Francke Verlag

Keller, Rudi (2002): „On Evaluating". In: *Values and Evaluating,* edited by Winder McConnell & Rudi Keller (forthcoming).

Keller, Rudi & Kirschbaum, Ilja (2000): „Bedeutungswandel". In: *Der Deutschunterricht* 3. 41-53.

Kirschbaum, Ilja (2002): „Metaphorische und metonymische Muster der Adjektiv-Intensivierung". In: *Sinn und Bedeutung 6, Proceedings of the sixth meeting of the Gesellschaft für Semantik.* Osnabrück, Germany, October, 2001.

Koch Peter & Oesterreicher, Wolf (1996): „Sprachwandel und expressive Mündlichkeit". In: *Zeitschrift für Literaturwissenschaft und Linguistik* 26. 64-96.

König, Ekkehard & Elizabeth Traugott (1988): „Pragmatic Strengthening and Semantic Change: The Conventionalizing of Conversational Implicature". In: *Understanding the Lexicon: Meaning, Sense and World Knowledge in Lexical Semantics,* edited by Werner Hüllen & Rainer Schulze. Tübingen: Niemeyer. 110-125.

Lakoff, George & Johnson, Mark (1980): *Metaphors we live by.* Chicago: University of Chicago Press.

Lapp, Edgar (1992): *Linguistik der Ironie.* Tübingen: Gunter Narr.

Lass, Roger (1980): *On Explaining Language Change.* Cambridge: Cambridge University Press.

Lass, Roger (1997): *Historical Linguistics and Language Change.* Cambridge: Cambridge University Press.

Löbner, Sebastian (2002): *Understanding Semantics.* London: Arnold.

Lüdtke, Helmut (1980a): „Sprachwandel als universales Phänomen". In: *Kommunikationstheoretische Grundlagen des Sprachwandels*, herausgegeben von Helmut Lüdtke. Berlin/ New York: de Gruyter. 1-19.

Lüdtke, Helmut (1980b): „Auf dem Weg zu einer Theorie des Sprachwandels". In: Ders., *Kommunikationstheoretische Grundlagen des Sprachwandels*, herausgegeben von Helmut Lüdtke. Berlin/New York: de Gruyter. 182-252.

Lüdtke, Helmut (1991): „Die Entstehung der romanischen Sprachen". In: *Neusprachliche Mitteilungen aus Wissenschaft und Praxis*. 149-153.

Lyons, John (1977/1980): *Semantics. Volume I*. Cambridge: Cambridge University Press, deutsch: *Semantik*. Band 1. München: Beck.

Lyons, John (1977/1983): *Semantics. Volume II*. Cambridge: Cambridge University Press, deutsch: *Semantik*. Band 2. München: Beck.

Munske, Horst Haider (1990): „Über den Wandel des deutschen Wortschatzes". In: *Deutsche Sprachgeschichte – Grundlagen, Methoden, Perspektiven. Festschrift für Johannes Erben zum 65. Geburtstag*, herausgegeben von Werner Besch: Frankfurt a. M.: Lang. 387-401.

Nerlich, Brigitte & David Clark (1988): „A Dynamic Model of Semantic Change". In: *Journal of Literary Semantics* 17/2, 73-90.

Nozick, Robert (1976/o. J.): *Anarchy, State, and Utopia*. New York, deutsch: *Anarchie, Staat, Utopia*. München: MVG.

Schlechter, Doris (1955): *Der Bedeutungswandel des Wortes „GEMEIN" im 19. Jahrhundert*. Diss., Köln.

Stern, Gustaf (1931/²1965): *Meaning and Change of Meaning. With special reference to the English language*. Bloomington: Indiana University Press.

Traugott, Elizabeth (1989): „On the Rise of Epistemic Meanings in English: An Example of Subjectification in Semantic Change". In: *Language*. Volume 65. Nr. 1: 31-55.

Ullmann, Stephen (1957/²1972): *Principles of Semantics*. Oxford: Blackwell, deutsch: *Grundzüge der Semantik. Die Bedeutung in sprachwissenschaftlicher Sicht*. Berlin/New York: de Gruyter.

Ullmann, Stephen (1962/1973): *Semantics. An Indroduction to the Science of Meaning*. Oxford: Blackwell, deutsch: *Semantik. Eine Einführung in die Bedeutungslehre*. Frankfurt a. M.: S. Fischer.

Wittgenstein, Ludwig (1969): *Philosophische Untersuchungen. (PU)*. Schriften. Band 1. Frankfurt a. M.: Suhrkamp.

Wittgenstein, Ludwig (1970): *Das Blaue Buch. (BB)*. Schriften. Band 5. Frankfurt a. M.: Suhrkamp.

de Gruyter Studienbücher

Hans Georg Coenen
■ Analogie und Metapher
Grundlegung einer Theorie der bildlichen Rede
2002. X, 251 Seiten. Broschur.
ISBN 3-11-017343-3

Analogie und Metapher verbindet Anregungen der antiken
Rhetorik mit Errungenschaften der modernen Sprachwissenschaft und -philosophie und führt die verschiedenen Erschei-
nungsformen der bildlichen Rede auf eine gemeinsame
Tiefenstruktur zurück.

Sebastian Löbner
■ Semantik
Eine Einführung
2003. Ca. 300 Seiten. Broschur
ISBN 3-11-015674-1

Das Buch bietet eine aktuelle Einführung in die wichtigsten
Phänomene, Fragestellungen und theoretischen Ansätze der
linguistischen Semantik. Bei der schrittweisen Entfaltung der
Thematik wird großer Wert auf Stimmigkeit, Kohärenz und
Nachvollziehbarkeit der wissenschaftlichen Herangehensweise
gelegt.

Jürgen Reischer
■ Die Sprache
Ein Phänomen und seine Erforschung
2002. VIII, 306 Seiten. Broschur.
ISBN 3-11-017349-2

Dieses Studienbuch ist eine grundlegende Einführung in die
Sprachwissenschaft und bietet einen allgemeinen Einblick in
das Phänomen Sprache.

W
DE
G

Mouton
de Gruyter
Berlin · New York

Bitte bestellen Sie bei
Ihrer Buchhandlung
oder direkt beim Verlag.

www.deGruyter.de
Newsletter: www.degruyter.de/newsletter

de Gruyter *Sprachwissenschaft*